Deert Lafrenz

Schleswig-Holstein

Die schönsten Herrenhäuser und Schlösser

Wartberg Verlag

Deert Lafrenz

Schleswig-Holstein

Die schönsten Herrenhäuser und Schlösser

Wartberg Verlag

Bildnachweis
Deert Lafrenz: S. 11, 15, 17, 19, 21, 23, 27, 29, 35, 37, 39, 41, 43, 47, 49, 51, 55, 57, 63, 65, 67
Landesamt für Denkmalpflege Kiel: 9, 13, 31, 33, 45, 53, 59, 61, 69, 71
Wikipedia (commander pirx): S. 25

1. Auflage 2019

Layout und Satz: Christiane Zay, Potsdam
Druck: Griebsch & Rochol Druck GmbH, Hamm (Print Media Group)
Buchbinderische Verarbeitung: S. R. Büge, Celle

34281 Gudensberg-Gleichen, Im Wiesental 1
Telefon: 0 56 03-9 30 50
www.wartberg-verlag.de
ISBN 978-3-8313-3245-8

Inhaltsverzeichnis

Glücksburg
Gelting
Flensburg
Rundhof
Roest
Damp
Louisenlund
Gottorf
Schloss vor Husum
Ludwigsburg
Hagen
Husum
Altenhof
Knoop
Panker
Hoyerswort
Schleswig-
Kiel
Wulfshagen
Emkendorf
Wahlstorf
Schierensee
Güldenstein
Bothkamp
Hasselburg
Eutin
Rastorf
Neumünster
Plön
Nehmten
Lübeck
Holstein
Pronstorf
Breitenburg
Borstel
Jersbek
Ahrensburg
Wotersen
Reinbek

Vorwort

Herrenhäuser und die zugehörigen Gutsanlagen prägten und prägen an vielen Stellen noch heute die schleswig-holsteinische Kulturlandschaft, insbesondere in der eiszeitlich geformten östlichen Hälfte mit ihren sanften Hügeln, zahlreichen Seen und weiten, von Knicks gerahmten Feldern sowie hohen Buchenwäldern und Baumgruppen, oftmals aus uralten bizarren Eichen. Diese Landschaft beschrieb schon euphorisch der große Gartentheoretiker des späten 18. Jahrhunderts, Christian Cay Lorenz Hirschfeld, für den die ostholsteinische Gutslandschaft ein einziger Park war. Der Blick vom neugotischen Aussichtsturm Hessenstein im Gut Panker über die hügelige Endmoränenlandschaft bis zur Ostsee und bei klarem Wetter bis zu den dänischen Inseln vermittelt an spätsommerlichen Nachmittagen einen Abglanz dessen, was Hirschfeld vor 250 Jahren erblickte – ein romantisches Lebensgefühl pur.

Die typischen schleswig-holsteinischen Gutsanlagen, oft Mittelpunkte von einigen tausend Hektar Land, waren in der Regel, und das unterscheidet sie von solchen in anderen ländlichen Gegenden, als eine Art Kleinresidenzen angelegt. Das begann schon im 16. Jahrhundert, als der mittelalterliche Wehrcharakter vieler Rittersitze zunehmend an Bedeutung verlor, Komfort und Repräsentation eine immer größere Rolle spielten, und kulminierte im 18. Jahrhundert, der Zeit des Absolutismus auch in den nordischen Ländern, als der Adel ständig an Einfluss verlor und sich immer häufiger auf seine ländlichen Besitzungen zurückzog, um hier Ersatz zu schaffen für Verluste im politischen Raum. Man investierte nicht nur in großräumige Landwirtschaft, Holzhandel und Viehzucht, sondern mehr und mehr auch in Kunst und Kultur, anspruchsvolle Architektur und Ausstattung. Die zunehmend internationale Ausrichtung der Anwesen konnte nicht ohne intensive Bildung, Reisen und ein ausgeprägtes Beziehungsgeflecht zu Architekten, Künstlern, Stuckateuren, Bildhauern, Malern und Handwerkern verwirklicht werden.

So entwickelte sich aus der mittelalterlichen Burg und dem Wohnturm mit dem anwachsenden Ausmaß der großflächigen Wirtschaftsweise ein fester Kanon der Gutsanlage: zentraler Ort war das Herrenhaus, auf das die gesamte Anlage mit allen übrigen Gebäuden axial ausgerichtet war. Man betrat den Hof durch das Torhaus, das noch einen Ort früherer Wehrhaftigkeit versinnbildlichte, gleichzeitig repräsentativer Auftakt der Gesamtanlage war. Ihm gegenüber lag das Herrenhaus, oft durch eine Allee in der Mittelachse oder seitliche Alleen an einem Ehrenhof zugänglich. Zu den Seiten des Herrenhauses waren die meist gleich ausgebildeten Kavaliershäuser angeordnet, deren eines oft Gästeappartements, das andere in der Regel den Reitpferdestall enthielt. Vor dieser dreiflügeligen Anordnung lag der Wirtschaftshof mit mindestens zwei mächtigen, reetgedeckten Langhäusern, ebenfalls symmetrisch an der Hauptachse ausgerichtet, eines als Kuhhaus, das andere als Getreidescheune. Oft schlossen sich diesen weitere Scheunen und Stallungen an, sodass mit dem Torhaus das Ganze in größtmöglicher Regelhaftigkeit vollendet war.

Ältere Anlagen bezogen Grabensysteme, ebenfalls Reste von Wehrbauten, in die Gestaltung mit ein, sodass Wirtschaftshof, oder Bauhof, wie er hier oft genannt wird, und Herrenhof, häufig mit einer Cour d'honneur, klar voneinander getrennt und nur über Brücken miteinander verbunden waren, ursprünglich Zugbrücken, später feste Steinbrücken oder Dämme. Auch die streng architektonisch angelegten barocken Gärten hinter den Herrenhäusern wurden in dieses axiale System mit einbezogen. Selten künstlerisch gestaltet waren die Wohnhäuser der Gutsarbeiter und Angestellten, bis zu Beginn des 19. Jahrhunderts rechtlose Leibeigene. Ihre Häuser, oft heruntergekommene Fachwerkkaten, lagen verstreut in der Landschaft, auch siedlungsartig an den Zufahrten – dann wurden sie in leutseliger Übertreibung Vorstädte genannt.

Ein letzter Höhepunkt in der Entwicklung der Gutsanlage war die so genannte „ornamented farm“, die im Zuge der ab Mitte des 18. Jahrhunderts von England übernommenen landschaftlichen Neuorientierung der Gartenkunst Bestrebungen zu verwirklichen suchte, die gesamte Gutslandschaft in einen Park zu verwandeln. Das Bild der ostholsteinischen Landschaft kam diesem Ideal entgegen, sodass sich über Hirschfelds Bemerkungen hierzu der Kreis gewissermaßen schließt.

Die aufgeführten Schlösser sind die wenigen Überreste einer äußerst verwickelten Landesgeschichte, die stets geprägt war von dem Antagonismus zwischen der dänischen Krone und den der königlichen Familie entstammenden Landesherzögen, ursprünglich den Stellvertretern der Könige im mittelalterlichen Herzogtum Schleswig, später vor allen anderen den Herzögen von Gottorf, die als Lehnsnehmer der dänischen Könige und des deutschen Kaisers doch immer staatliche Eigenständigkeit beanspruchten und damit letztlich scheiterten. Hinzu kam die quer durch das Land gezogene Hoheitsgrenze zwischen dem Reich und Dänemark, die dem verbrieften „Up ewig ungedeelt“ Schleswig-Holsteins zuwiderlief.

Es kam im 15. und 16. Jahrhundert trotzdem zu Teilungen der Einflussbereiche, die stets auf staatsrechtliche Verfestigung angelegt waren, doch immer wieder nur zu kriegerischen Auseinandersetzungen führten, aus denen der dänische Gesamtstaat Ende des 18. Jahrhunderts als Sieger hervorging. Die zahlreichen Schlösser der einstigen Kleinfürstentümer wurden auf Weisung des Königs zumeist abgebrochen, sodass wenige übrig blieben, die den Repräsentanten der Krone als kaum gepflegte Dienstsitze und Amtswohnungen zur Verfügung gestellt wurden. Einige, wie Reinbek und Husum, verkamen dabei bis zur Unkenntlichkeit und konnten erst in den letzten Jahrzehnten durch die staatliche Denkmalpflege wiederhergestellt und zu neuem Leben erweckt werden.

Ahrensburg – aus einer sächsischen Fluchtburg entstanden

Auf einer Insel in sumpfiger Seenlandschaft, umgeben vom Hagener Forst, lag südlich vom heutigen Ahrensburg vermutlich schon im 10. Jahrhundert eine sächsische Volksburg: Arnesvelde. Sie gehört später den Grafen von Holstein. Johann III., „der Milde" gab die Burg, die mittlerweile wohl ein festes Haus und eine Vorburg mit Wirtschaftsgebäuden besaß, 1327 im Rahmen eines Gebietstausches an das Zisterzienserkloster in Reinfeld ab. Johann hatte ein Jahr zuvor, noch auf reinfeldischem Klostergrund, eine neue starke Burg, Trittau, errichtet, um besser gewappnet zu sein gegenüber den Raubzügen des heimischen Adels. Dieser fügte zu der Zeit den Handelsbeziehungen zwischen Lübeck und Hamburg empfindliche Verluste zu. Arnesvelde verschwand damit für fast ein Vierteljahrtausend aus der Geschichte.

Stammsitz für ewige Zeiten

Im Jahre 1567 übereignete der dänische König Friedrich II. die zuvor vom Kloster Reinfeld erworbene Burg zusammen mit dem benachbarten Dorf Woldenhorn seinem verdienten Feldherrn Daniel Rantzau. Doch der fiel bereits zwei Jahre später bei der Belagerung der schwedischen Festung Varberg und hinterließ die Burg mit umliegenden Ortschaften und Ländereien seinem Bruder Peter Rantzau. Die Rantzaus waren im 16. Jahrhundert das führende Adelsgeschlecht in den Herzogtümern Schleswig und Holstein und besaßen hier und in Dänemark am Ende des 16. Jahrhunderts 70 Güter. Peter, ein Vetter des berühmten Humanisten Heinrich Rantzau, ließ die verfallene Burg Arnesvelde abbrechen und mit dem Material einen überaus prächtigen, schlossartigen Neubau als Mittelpunkt einer riesigen Gutsherrschaft errichten. Er nannte ihn Ahrensburg und seine erklärte Absicht war, diese Burg zum Stammsitz „für ewige Zeiten" zu machen.

Peter Rantzau starb 1602 und sein Anspruch hielt – wenn auch nicht im direkten Familienstamm, da sein einziger Sohn bereits 1590 gestorben war – immerhin 160 Jahre, was ja schon eine kleine Ewigkeit bedeutete. Solange jedenfalls saßen hier die Rantzaus.

Nordische Renaissance im Stile italienischer Architektur – …

… so beschrieb Heinrich Rantzau Ahrensburg 1597 in seiner „Cimbricae Descriptio", die ihm als höchster Anspruch galten. Was er mit italienisch meinte, war wohl die strenge Regularität des Gebäudes, die Symmetrie der vier Ecktürme ebenso wie die des Grundrisses der drei zu einem Block aneinandergefügten Häuser. Den Mittelbau nahmen durchgehende Säle ein, in den Seitenhäusern lagen jeweils gleich große Wohnräume. Rantzau berichtete auch von der kostbaren Ausstattung der Räume in Gold und Silber, womit vermutlich geprägte Ledertapeten gemeint waren. Tatsächlich erwähnt ein Inventar noch 1759 im Erdgeschoss eine „mit goldenem Leder ausgeschlagene Stube".

Zu dem frühen, schlossartigen Herrenhaus baute Peter Rantzau das noch bestehende Ensemble aus Gutskirche und den sogenannten „Gottesbuden", zwei langen Reihen von Armenwohnungen beiderseits der Kirche.

Sommersitz des Schatzmeisters

Nach sieben Generationen Rantzau war Ahrensburg wirtschaftlich am Ende. Der letzte in der Reihe, Kammerherr Graf Christian Rantzau, stand 1759 vor dem Konkurs, als er das Gut an den reüssierenden Unternehmer Schimmelmann aus Demmin in Vorpommern verkaufte.

Der 1724 geborene Heinrich Carl Schimmelmann, jüngster Sohn einer Kaufmannsfamilie in der pommerschen Kleinstadt Demmin, war ein bürgerlicher Emporkömmling mit durchaus zweifelhafter Karriere: Bankrotteur, Kriegsgewinnler, Landesverräter einerseits, genialer Geschäftsmann, als Partner von Königen und Ministern unverzichtbar, renommierter Heereslieferant Friedrichs II. andererseits. Immer aber haftete seinen Geschäften und seinen Machenschaften der Ruch des Dubiosen an. Letztendlich aber wurde er als immens reicher Unternehmer Direktor von Überseehandelsgesellschaften, Schatzmeister, Finanzminister des dänischen Königs, geadelt, in den Grafenstand erhoben und mit den höchsten Staatsorden dekoriert. Als Finanzier des geistesgestörten dänischen Königs Christian VII. wusste er staatliche und private Interessen in bemerkenswerter Weise zu verbinden.

Der Erwerb der holsteinischen Güter Ahrensburg und drei Jahre später Wandsbek, diente ihm auch zum großen Auftritt auf der Bühne des schleswig-holsteinischen Adels, der bald durch die Heiraten seiner Töchter Julia und Caroline in die Familien Reventlow und Baudissin gekrönt wurde.

Ahrensburg wurde zum standesgemäßen Sommersitz der Schatzmeisterfamilie ausgebaut. Dabei ließ Schimmelmann das Äußere weitgehend unangetastet, ein ausschweifender Residenz-Plan des Eutiner Hofbaumeisters Greggenhofer blieb unberücksichtigt. Wall und Graben aus der Renaissancezeit wurden allerdings eingeebnet und zugeschüttet, die Zugbrücke verschwand, das Schloss wurde in die zwanglos gestaltete Landschaft eingebettet, um es einer neuen, weiträumig gedachten Idee unterzuordnen.

Das Innere wurde weniger prunkvoll als wohnlich ausgebaut, mit einem allerdings großzügigen und repräsentativen *Treppenhaus*, dafür kleineren Sälen und Kabinetten in zeitgemäßer Appartementlösung. In der siebenjährigen Umbauphase wandelten sich die Moden: die Treppe hat ein filigranes Rokokogeländer, der *Speisesaal* mit Eichenpaneelen aus Paris ist bereits frühklassizistisch. Noch moderner wirkt der *Gartensaal* mit den monumentalen Landschaften des bereits 1735 verstorbenen Tobias Stranover, die die Natur ins Innere der Architektur brachten.

Die Nachkommen Schimmelmanns kamen auf sechs Generationen, bis sie 1932 Ahrensburg aufgaben. Heute ist es in öffentlichem Besitz und als renommiertes Museum der Adelskultur erhalten.

Anfahrt
Aus dem Stadtzentrum nach Norden auf der Großen Straße bis in die Lübecker Straße – B 75 direkt zum Schloss

ÖPNV
Buslinien 569, 648, 769, 8110
···› **www.hvv.de**

Übernachtung und Restaurant
Gegenüber vom Schloss: Parkhotel Ahrensburg und Restaurant Le Marron

Events
Führungen, Lesungen, Konzerte, Kinosommer, Schloss im Kerzenschein

Kontakt
Museum Schloss Ahrensburg
Lübecker Straße 1
22926 Ahrensburg
Tel: 04102 | 42510
Öffnung 11:00
···› **www.schloss-ahrensburg.de**

Altenhof – Hof, nicht Hafen

Das Gut Altenhof taucht 1410 erstmalig in den Quellen auf. Damals heißt es „Oldenhave“, was Anlass zu der Spekulation gab, es handelte sich um einen alten Hafen, bei dem der Hof gelegen habe, weil unmittelbar benachbart sich ein uraltes Haff erstreckt, der heutige Goossee. 1593 heißt es dann deutlicher „Aldenhoff“, 1652 in Caspar Danckwerth Neuer Landesbeschreibung „Oldenhoff“ und nicht von ungefähr gibt es nicht weit von hier an der Küste ein „Nienhof“. Die ersten namentlich bekannten Besitzer entstammten der alteingesessenen Familie von Brockdorff, die im 16. Jahrhundert auch auf dem benachbarten Windeby saß und in anderthalb Jahrhunderten auf Altenhof anscheinend nichts Bleibendes hinterlassen hat. Hier ist allerdings des Joachim von Brockdorff zu gedenken, ab 1630 auf Altenhof, der 1635 Wensin kaufte und dort das heute noch stehende Herrenhaus errichten ließ – ein altertümliches Doppelhaus mit Treppenturm, und die Reste eines solchen finden sich in den Kellern von Altenhof.

Hauptsitz der Reventlows

1691 ging das ehemals knapp 2000 ha große Gut an den königlichen Kammerjunker und Amtmann von Sonderburg und Norburg Henning Reventlow († 1705) aus der mecklenburgischen Linie des ursprünglich aus Dithmarschen stammenden Adelsgeschlechts. Sein jüngster Sohn Cay Friedrich (1681–1762) baute nach dem Tode des Vaters die heute noch in ihren Grundzügen existierende Hofanlage auf: nach 1705 die riesige Scheune, deren gewaltiges Gerüst in dem Umbau von 1863 erhalten geblieben ist, 1711 das Kuhhaus in ähnlichen Dimensionen und 1722–1728 schließlich ein neues Herrenhaus.

Cay Friedrichs ältester Sohn Detlev Reventlow (1712–1783) wurde einer der hervorragendsten Vertreter seines Geschlechts und stieg unter drei dänischen Königen in hohe politische Ämter auf. 1767 in den Lehnsgrafenstand erhoben, war er auf dänischer Seite an den Verhandlungen mit Russland beteiligt, die 1773 zum Verzicht der Zarin Katharina der Großen auf ihre Erbansprüche in Holstein führte. Zuhause konnte er mit beträchtlichen Geldmitteln seine Besitztümer arrondieren. Zu den ererbten Gütern Altenhof und Glasau erwarb er u. a. Emkendorf bei Rendsburg vom Grafen Desmercières und Wittenberg im Kreis Plön von einem Vetter aus der holsteinischen Linie.

Um die Wende zum 19. Jahrhundert gehörte Altenhof unter Detlevs ältestem Sohn, der nach dem Großvater wiederum Cay Friedrich hieß, zu dem engeren Kreis von Herrensitzen, die neben dem immer genannten Emkendorf eine bedeutsame Rolle in der Entwicklung der Herzogtümer zur Eigenständigkeit spielten. Die untereinander vielfach verschwägerten Reventlows, Bernstorffs, Baudissins, Rumohrs und Stolbergs bildeten einen großen Familienverbund, der auf seinen Gütern alles an sich zog, was im damaligen geistigen und politischen Leben Dänemarks und Schleswig-Holsteins eine Rolle spielte. Cay Friedrich (1753–1834) war in zweiter Ehe mit Louise Bernstorff verheiratet, einer Tochter des dänischen Staatsministers Andreas Peter Bernstorff, dessen Nachfolger er wurde.

Landgut mit herrschaftlichem Charakter

Spätere Generationen der Reventlow bauten weiter an dem, was Altenhof heute ausmacht: ein weit ausgreifendes, immer noch rund 1000 Hektar umfassendes Landgut mit herrschaftlichem Charakter. Seine Bestandteile sind die gewaltigen Hofscheunen und Stallungen, unterschiedlichste Bauten historischen Wirtschaftens von der Meierei bis zur Fasanerie, Forsthaus und Tischlerei, Fischerkate und Schule, Gasthof und Ziegelei sowie zahlreiche in der Landschaft verstreute Katen mit ihren Bauerngärten. Die Ländereien des Gutes sind durchzogen von Alleen, gleichsam als Gerüst der Kulturlandschaft, in einem malerischen Wechsel von Wald, Feld und Gewässern.

Unter Theodor Reventlow (1870–1938), dem letzten männlichen Erben des Geschlechts auf Altenhof, bekam das Herrenhaus durch den Heimatschutzarchitekten Paul Schulze-Naumburg in den Jahren 1904–10 seine heutige Gestalt. Es wurde in neubarocken Formen umgebaut und durch Anbauten auf schlossartige Ausmaße vergrößert – mit einem weiten, lindenumkränzten Ehrenhof und architektonisch gefassten Terrassen und Heckengärten vor den rückwärtigen Fassaden. Theodor Reventlows Tochter und Erbin auf Altenhof, Marie-Louise (1904–1980), heiratete Felix von Bethmann Hollweg, den Sohn des Reichskanzlers Theobald von Bethmann Hollweg, bei dessen Familie Altenhof geblieben ist.

Herrenhaus in Dimensionen eines Schlosses

Den hohen Mittelteil des Herrenhauses bildet der zweigeschossige, elfachsige Bau von 1728, der lediglich äußerlich neu verputzt wurde und statt des alten Walmdaches ein Mansarddach erhielt. Am neubarocken Säulenportikus vor dem Eingangsportal dokumentieren Zahlenanker und Namensinitialen Erbauung und Umbauphasen des Hauses. Das Reventlowsche Wappen im Giebel, gehalten von zwei „Wilden Männern“, stammt aus der Werkstatt des Bildhauers Georg Kolbe von 1909. Beiderseits des Kernbaues wurden von Schultze-Naumburg längere Erweiterungsbauten mit zwei Geschossen und niedrigeren Dächern angefügt, deren Endachsen mit abgewalmten Dächern pavillonartig hervortreten. Hieran schließen sich im rechten Winkel lange, eingeschossige Orangerieflügel, endend in anderthalbgeschossigen Pavillons mit steilen Walmdächern.

Das Innere des Hauses lebt von den erhaltenen historischen Raumfolgen des 18. Jahrhunderts mit ihrer Ausstattung, die ein breit gefächertes Bild der Familiengeschichte bietet.

Haus und Hof sind in Privatbesitz und bis auf den im Nordflügel untergebrachten Golfclub nicht öffentlich zugänglich.

Anfahrt
Von Eckernförde auf der B 76 Richtung Kiel, Bahnhof Altenhof rechts ab 1,5 km bis zum Gutshof rechterhand

ÖPNV
Buslinie von ZOB Eckernförde nach Sehestedt

Übernachtung und Restaurant
Stadthotel Eckernförde, 200 m vom ZOB mit Restaurant, Bar; weitere Restaurants im direkten Umfeld

Events
Außenbesichtigungen, Golfplatz direkt am Haus, Wanderungen an der Ostsee, Radtouren

Kontakt
Gutsverwaltung Altenhof
24340 Altenhof
Tel: 04351 | 6666477
→ **www.gutaltenhof.de**

Borstel – mittelalterlicher Besitz der Hummersbüttel

Wie viele alte Güter in Schleswig-Holstein liegt das ehemalige Gut Borstel abseits der großen Verkehrswege. Zu ihm führt eine 1 km lange Lindenallee von der Chaussee Segeberg–Hamburg südöstlich zum heutigen Medizinischen Forschungszentrum. Sie öffnet sich schließlich nach rechts auf eine weite Cour d'honneur vor dem 1751 vollendeten Herrenhaus, einem der qualitätsvollsten des Landes.

Sein Name rührt vermutlich vom altsächsischen „*burstal*" her, was so viel wie Wohnstätte bedeutet. 1266 wird eine Familie von Borstelde (oder Borlstede) genannt. Ihr gehörte Borstel damals zusammen mit dem Gebiet des nachmaligen Gutes Jersbek. Später war es im Besitz der Hummersbüttel, die zuvor auf Stegen gesessen hatten und dieses wohl mit einbrachten, bis der ganze Besitz im 15. Jahrhundert durch Einheirat für über 300 Jahre der Familie von Bokwold (Buchwaldt) zufiel. Erst 1588 erfolgte eine Trennung der Güter in einer Erbauseinandersetzung unter vier Brüdern Buchwaldt.

Landwirt und Klosterprobst

Friedrich von Buchwaldt (1697–1761), herzoglicher Rat und Klosterpropst in Preetz, ließ, nachdem der gesamte Hof 1737 abgebrannt war, bis 1751 das heute noch existierende Herrenhaus errichten. Zuvor hatte er schon den Wirtschaftshof erneuern lassen. Die 1975 abgebrannte große Kornscheune trug die Jahreszahl 1742 und seine Initialen. Durch die Heirat seiner Tochter Charitas Emilie gelangte das Gut 1761 in die Hände des bedeutenden dänischen Staatsmannes Johann Hartwig Ernst Graf von Bernstorff, der 1737 das Gut Wotersen im Lauenburgischen geerbt hatte. Ihm gehörten auch Stintenburg und Wedendorf in Mecklenburg. Er weilte selten auf Borstel, setzte hier aber bedeutende Agrarreformen in Gang, die sein Neffe und Nachfolger Andreas Peter mit der Abschaffung der Leibeigenschaft vollendete.

1798 wurde Borstel verkauft – das erste Mal in seiner Geschichte – und sah in der Folge mehrere Besitzerwechsel. 1838 kam es für ein knappes Jahrhundert an die Grafen Baudissin von Knoop. 1932 wurde Borstel aufgesiedelt, das Herrenhaus mit Nebengebäuden und Park 1938 vom Staat übernommen. Es ist heute Medizinisches Forschungsinstitut und wurde unlängst von Grund auf saniert und restauriert.

Einen Eindruck des noch halbwegs mittelalterlich geprägten Gutsareals vermitteln Karten von 1762 und 1796. Die Zufahrtsallee, auf der man noch heute zum Gut gelangt, ist schon da, ebenso das Herrenhaus von 1751 mit Nebengebäuden, großem Barockparterre und Allee. Doch gegenüber umgrenzen der Mühlenteich und eine weitere umfangreiche Stauung das Hofgelände auf einer Halbinsel und östlich angrenzend den von Wasser umgebenen alten Burgplatz, der nur über eine Brücke zu erreichen ist. Die mächtigen Wirtschaftsgebäude standen bis weit ins 20. Jahrhundert: das Kuhhaus von 1740 wurde 1965 abgebrochen, die Scheune von 1742, angeblich die größte noch existierende im Lande, brannte 1975 bis auf die Grundmauern nieder.

Landschlossartiges Ensemble

Friedrich von Buchwaldt hatte sich – nach dem Brandverlust des alten, wohl noch mittelalterlichen Hauses 1737 – in den 1740er-Jahren zum Neubau eines Herrenhauses entschlossen, der kurz nach 1747/48 begonnen wurde und 1751 vollendet war. Der Bauplatz des neuen Hauses lag 500 m westlich des alten Gutshofes, wo noch heute der von Wasser umgebene Standort des mittelalterlichen Hauses zu sehen ist. Überraschend früh ist hier die Lösung aus dem traditionellen Anlageschema der schleswig-holsteinischen Gutsanlage vollzogen worden. Da Buchwaldt schon vorher die Wirtschaftsgebäude an alter Stelle erneuert hatte, war demnach keine Verlegung des ganzen Hofes geplant, sondern ganz bewusst zusammen mit dem baulichen und gärtnerischen Umfeld ein landschlossartiges Ensemble geschaffen worden. Als Architekt wird Johann Christian Böhme genannt, der in jener Zeit Neubaupläne für Breitenburg entwarf und dabei auch Ansichten und Grundrisse für Borstel zeichnete. Das Haus zeigt eine ausgesprochen versierte Hand.

Dieses Herrenhaus des früheren Gutes Borstel ist ein breit gelagerter, verhältnismäßig tiefer Backsteinbau, zweigeschossig über Kellersockel aus Granitquadern und mit unvermittelt lastendem Walmdach. Seine rustikale Behäbigkeit ist höchst eigenwillig durch Akzente eleganter Rokokoarchitektur aufgelockert. Die Hoffront spannt sich zwischen zwei schweren polygonalen Pavillonausbauten. Ihre Stirnseiten sind von gekuppelten Backsteinpilastern toskanischer Ordnung mit Werksteinkapitellen und -sockeln gerahmt, die Fensterachsen in flachen Backsteinrahmen geschossübergreifend zusammengefasst. Die steile Portalachse in der Mitte ist durch einen aufwändigen, segmentbogig übergiebelten Kolossalpilasterrahmen aus Werkstein über doppelläufiger, geschweifter Freitreppe als vertikaler Hauptakzent gestaltet. Ein innerer, Portal und Fenster zusammenfassender Rahmen im Giebelfeld wird von üppiger Rocaille mit dem Alliancewappen von Buchwaldt/von Holstein bekrönt. Ein mittleres Blendenfeld trägt die Bauinschrift von 1751.

Die Gartenfront ist von einem bewegt gegliederten, dreiachsigen Mittelrisalit mit schrägen Seiten, gedoppelten Backsteinpilastern und Segmentbogengiebel beherrscht. Davor liegt ein Austritt mit Freitreppe. Hohe, zweiteilige Saalfenster und querovale Ochsenaugen darüber sitzen in reich skulptierter Sandsteinrahmung. Die mittlere trägt im Giebel Monogramm und bekröntes Wappen des Bauherrn.

Herrenhaus und Nebengebäude gehören heute zu einem Medizinischen Forschungsinstitut, der Park ist öffentlich zugänglich.

Anfahrt
Von Hamburg auf der Segeberger Straße, B 432, Abzweig Borstel auf der L 81

ÖPNV
Buslinien 7141, 7580
⇢ **www.hvv.de**

Übernachtung und Restaurant
Motel Zum Sandkrug, Restaurant Zum Griechen, beide an der B 432 in Itzstedt

Events
Wanderungen, Radwanderungen im Umfeld

Kontakt
Forschungszentrum Borstel Klinik
Parkallee 1-40
23845 Borstel
Tel: 04537 | 1880
⇢ **www.fz-borstel.de**

Bothkamp – ein gewaltiger Besitz

Der Feldherr und königliche Statthalter Johann Rantzau kaufte 1538 den Hof Bissee von der Familie Pogwisch. Durch Ländereien der aufgelassenen Klöster Uetersen, Segeberg und Bordesholm, die er bereits vorher erworben hatte, konnte er den Besitz auf 6000 ha erweitern und schuf damit eines der größten Güter in den Herzogtümern, das in diesem Umfang bis ins 20. Jahrhundert Bestand haben sollte. Ganz im Norden dieses riesigen Gutsgebietes errichtete er auf einer Anhöhe über dem Bisseer, späteren Bothkamper See den prächtigen Herrensitz „thom Bothkampe". Einst an drei Seiten von Wasser und feuchten Niederungen umgeben, war der Platz nur nach Süden landfest und damit gut gesichert.

Das erste Renaissance-Herrenhaus im Lande

Das 1547 vollendete Herrenhaus hatte erstmals im Norden eine systematische Renaissancegliederung aus Terrakotta-Elementen, die aus der Lübecker Werkstatt des Statius v. Düren stammten. Dieser belieferte damals Schlösser im Umkreis, wie Kiel und Schwerin, mit Architekturgliederungen und Reliefplatten aus gebranntem Ton. Bothkamp hatte zwei Geschosse über hohem Sockel, wie noch heute, mit einer Säulen- oder Pilastergliederung vor der Fassade, „welschen" Giebeln (Stufengiebel mit Rundbögen) an den Seiten und einem hohen Zwerchhaus über der Fassade. Die Brüstungsfelder müssen reichen Dekor mit umkränzten Porträtreliefs getragen haben, von denen einige an einem bäuerlichen Fachwerkhaus im benachbarten Kirchbarkau erhalten geblieben sind.

Viel gerühmt wurde das neue Haus von dem Sohn Johanns, dem bedeutenden Humanisten Heinrich Rantzau. In einem von ihm verfassten Epigramm heißt es: „Ich bin auf einem Bergrücken mit steinernen Säulen aufgeführt, und das edle Werk erstrahlt in italienischer Kunst … Mein großartiger Bau übertrifft an Kunst und Schönheit – sowie an Kosten – auch jeden adeligen Herrensitz."

Die Rantzaus hielten das Gut bis 1647, als der letzte aus dieser Linie, der berühmte Josias Rantzau, Marschall von Frankreich, nach einer Plünderung des Gutes durch die kaiserlichen Truppen mit Bothkamp in Konkurs ging. Josias starb 1650 in Paris.

Abbruch und Neubau

Um 1700 wurde das Herrenhaus, wie es heißt, weitgehend abgebrochen und neu errichtet. 1705 verkaufte Benedikta Margaretha Gräfin Reventlow, geb. Brockdorff Bothkamp, an Bendix von Ahlefeldt auf Quarnbek. Er baute die beiden markanten Torhäuser, vermutlich auch das Herrenhaus und die später überformten Kavaliershäuser. 1763 kam das Gut im Erbgang an den mit Bendix' Tochter Ida verheirateten Johann Rudolph von Rumohr auf Hanerau und Kronsburg. 1787 folgte ihr Sohn Heinrich von Rumohr, der schließlich 1812 Bothkamp seinem Neffen, dem Geheimen Konferenzrat Detlef Heinrich von Bülow vererbte. Bei den Bülows ist es bis heute geblieben.

Vom Renaissancebau Johann Rantzaus sind heute, nach bisheriger Kenntnis, nur noch die *tonnengewölbten Keller* erhalten. Der Grundriss des Hauses lässt jedoch auf erheblich mehr ursprüngliche Substanz schließen. So wie der Bau dasteht, schreibt man ihn heute dem Bendix von Ahlefeldt zu. Von ihm heißt es, dass er den Hof mit verschiedenen schönen Gebäuden vermehrte und sehr ansehnlich machte.

Das damals neu errichtete oder auch nur erneuerte *Herrenhaus* blieb bis in die Gegenwart äußerlich so gut wie unverändert: ein zweistöckiger, verputzter Backsteinbau über hohem Keller auf einem Sockel aus behauenem Granit. Ursprünglich war das Gebäude sicher wie die Torhäuser ein roter Ziegelrohbau. Die neunachsige Hoffront ist von schmalen Rustikastreifen gerahmt, ebenso der angedeutete dreiachsige Mittelrisalit. Das rundbogige Sandsteinportal hat eine Rahmung aus korinthischen Säulen mit Akanthusdekor in den Bogenfeldern und Vasenaufsätzen, darüber schmale toskanische Pilaster, die das gerahmte Mittelfenster hervorheben.

Klassizistischer Ausbau

Das *Innere*, angeblich auf den Kellern des Rantzau-Baus, die tonnengewölbt sind, wurde um 1786 der Zeit entsprechend von Johann Adam Richter modernisiert. Die Haupträume erhielten Stuckaturen, die dem Italiener Francesco Antonio Tadei zugeschrieben werden. Das *Vestibül* ist ausgestattet mit Marmorfußboden und einer Pilastergliederung in dorischer Ordnung samt Gebälk mit Triglyphenfries. Der anschließende gleichgroße *Gartensaal* hat ausgerundete Ecken und Ofennischen und eine Wandgliederung in der so genannten Deutschen Ordnung nach Leonhard Christoph Sturm, dazu Blüten- und Fruchtgehänge, Idealporträtmedaillons, Supraporten mit Jahreszeitenallegorien und florale Deckenstuckaturen. Weitere Räume zeigen Deckenstuck und stuckierte Ofennischen. Im *Kabinett* nördlich des Gartensaals findet sich ein klassizistischer Aufsatzofen, darüber das Relief eines griechischen Philosophen, an der Decke eine Sonne mit Strahlenkranz.

Herrenhaus mit Ehrenhof und Wirtschaftshof liegen l-förmig zueinander, eine für Schleswig-Holstein seltene Lösung. Ebenso ungewöhnlich sind die zwei einander gegenüberliegenden Torhäuser, das kleinere „Kieler Tor" von 1711 im Norden, heute die Hauptzufahrt, südlich die mächtige Kulisse des „Hamburger Torhauses" von 1714 mit zwei viergeschossigen Glockentürmen, die – zwischen eingeschossigen Seitenflügeln – einen zweigeschossigen Mittelbau mit der Durchfahrt und hohem, übergiebeltem Zwerchhaus flankieren.

Bothkamp war um die Wende zum 20. Jahrhundert in astronomischen Fachkreisen weltweit berühmt für seine 1869/70 nördlich am Seeufer erbaute Sternwarte, die bis 1925 arbeitete und in der Zeit danach abgebrochen wurde. An sie erinnert heute lediglich der erhaltene kreisrunde Sockel jenseits der Brücke vor dem Kieler Tor.

Herrenhaus und Hof befinden sich in Privatbesitz und sind nicht öffentlich zugänglich.

Anfahrt
Von Kiel Richtung Segeberg auf der B 404, Abzweig Kirchbarkau, südlicher Ortsausgang Feldweg nach Bothkamp

ÖPNV
Buslinie 410
⇢ **www.hvv.de**

Übernachtung und Restaurant
Hotels in Kiel, Restaurant Köpman's am See in Kirchbarkau

Events
Wanderungen, Trauungen, Tagungen, Ruheforst, Filmkulisse

Kontakt
Gutsverwaltung
Tel: 04302 | 9698414
⇢ **www.herrenhaus-bothkamp.de**

Breitenburg – Rittersitz auf der Düne

Seit dem Mittelalter hatte das Kloster Bordesholm Landbesitz am Oberlauf der Stör, einem Nebenfluss der Elbe. Hier auf dem Bredenberg, einer flachen Düne in der Störniederung südöstlich von Itzehoe, lag im späten Mittelalter das klösterliche Vorwerk Mönkenhof. Johann Rantzau, erfolgreicher Feldherr und Statthalter des dänischen Königs in Schleswig und Holstein, ließ an seiner Stelle ab 1530 die Breitenburg erbauen, den späteren Hauptsitz der Familie in den Herzogtümern, der es bis heute geblieben ist.

Johann und sein ihm in seinen Ämtern nachfolgender berühmter Sohn Heinrich Rantzau bauten den aus zunächst zwei, später vier Häusern mit vier Giebeln zusammengefügten Herrensitz im weiteren Verlauf des 16. Jahrhunderts schlossartig und als Festung mit Wall und Graben aus. Heinrich erweiterte das Herrenhaus zur Dreiflügelanlage und fügte um 1580/90 einen fünften Trakt hinzu, die Kapelle, die allein heute noch steht. Hans Irmisch aus Dresden baute mittig vor die Giebelfassade einen Treppenturm mit Altan, vor dem Tor zur Festung entstand neben dem Bauhof ein Lustgarten mit üppig bepflanzten Beet- und Baumquartieren, Treillage-Pavillons und einem spitz überdachten Freisitz. Unter Heinrich Rantzau (1526–1599) wurde Breitenburg zu einem Zentrum des Humanismus im Norden. Wie sein Vater war er Statthalter in den königlichen Anteilen der Herzogtümer Schleswig und Holstein. Er war als Staatsmann, Gelehrter und Sammler von europäischem Ruf die herausragende Persönlichkeit der Renaissance in den Herzogtümern.

Unter dem Humanisten Heinrich Rantzau

Neben den baufreudigen Herzögen von Gottorf und im Unterschied zu ihnen betätigte er sich nicht nur als ideenreicher Bauherr auf seinen zahllosen Landerwerbungen, sondern sorgte auch für eine dauerhafte schriftliche und bildliche Überlieferung seiner Bauwerke, indem er persönlich Beschreibungen verfertigte, aber auch Schreiber und Kupferstecher engagierte, die in seinem Auftrag vor Ort tätig wurden. Einige von ihnen waren darüber hinaus Zulieferer für das umfassende Darstellungswerk von Georg Braun und Franz Hogenberg aus Köln, den „Civitates Orbis Terrarum“, die in sechs Bänden zwischen 1572 und 1618 erschienen. In dieser tatsächlich den gesamten damals bekannten Erdkreis umfassenden Sammlung von 600 Städtebildern wurden dank der Initiative Rantzaus auch 19 Städte aus dem damaligen Schleswig-Holstein aufgenommen, eine vergleichsweise hohe Zahl an eher unbedeutenden Orten einer Landschaft. Für das Land ist das ein Glücksfall, wurden doch so die mittelalterlichen städtischen Strukturen und Bauten mit einer für jene Zeit sehr hohen Genauigkeit überliefert, und das am Vorabend des alles zerstörenden Dreißigjährigen Krieges. So rührt unsere Kenntnis vieler bedeutender historischer Gebäude allein von dieser Veröffentlichung her.

Heinrich Rantzau sorgte auch für die Überlieferung seiner eigenen Bauten. Die von ihm in Auftrag gegebene Stammtafel seines Geschlechts von 1586 wurde mit einem breiten Rahmen versehen, auf dem 50 von 70 Besitzungen der Familie in kleinen Bildern dargestellt wurden – auch diese oft die einzige Überlieferung längst verschwundener Bauwerke. Breitenburg blieb bei aller landesweiter Bautätigkeit das Zentrum der künstlerischen und literarischen Ambitionen des gelehrten Hausherrn.

Zerstörung und Wiederaufbau

Der Dreißigjährige Krieg machte diesem ländlichen Schatzhaus des Humanismus schon eine Generation später ein Ende. Wallensteins Truppen belagerten und erstürmten 1627 die Festung und verwüsteten das Haus Breitenburg. Die von Heinrich Rantzau angesammelten Kunstschätze wurden geplündert, seine berühmte Bibliothek entführt und in alle Winde verstreut. 1643 besetzten schwedische Truppen erneut die ruinöse Breitenburg, ein Jahr später eroberte dann eine dänische Streitmacht die Burg und vertrieb die Schweden.

Lange Zeiten des Verfalls, des Aufbaus, der erneuten Verödung, unausgeführter Neubauplanungen nach dem endgültigen, 1762 erfolgten Abbruch der überkommenen Bauten aus der Gründungszeit endeten erst im frühen 19. Jahrhundert, als langsam der Wiederaufbau begann, der sich bis zum Ende des Jahrhunderts hinzog.

Hort kulturgeschichtlicher Sammlungen

Erneut entstand ein Hort der überaus reichhaltigen Geschichte des Hauses Rantzau, die sich in den nobel ausgestatteten Räumen, kunst- und kulturgeschichtlich bedeutenden Sammlungen und einer wiederaufgebauten Bibliothek dokumentieren.

Das heutige Herrenhaus mit den Ausmaßen eines Schlosses erscheint als zweigeschossiger Putzbau in Winkelform. Sein burgartiges, von Türmen geprägtes Äußeres ist durch späthistoristische Stilformen gekennzeichnet, doch blieben Reste aus den vorhergehenden Bauperioden erhalten, darunter auch die vor der Rückfront aus dem Boden ragenden Sockel der Ursprungsbauten. Zu den ältesten Bestandteilen gehört ferner der Giebelbau der *Schlosskapelle* an der Südseite. Nach der Zerstörung der Breitenburg wurde er 1634 an den drei Außenseiten von Grund auf erneuert und erhielt einen polygonalen Treppenturm an der Hofgiebelfront. Das Sandsteinportal schuf 1651 C. Tidemann aus Hamburg in Formen der Spätrenaissance. Im Auszug des von Obelisken flankierten gebrochenen Giebels befinden sich ein Relief des Petrus und darüber das reichsgräfliche Wappen Christian Rantzaus. Bauinschriften von 1651 und 1663 sind an der Südwand und im Turminneren zu finden. Die Kapelle wurde 1805 von Johann Matthias Hansen unter Einbeziehung des Portals grundlegend instandgesetzt.

Das Herrenhaus befindet sich in privatem Besitz. Führungen sind nach Absprache möglich. Zugehörig ist ein in unmittelbarer Nachbarschaft gelegener Golfclub.

Anfahrt
Von Itzehoe Breitenburger Straße, Breitenburger Weg, Charlottenberg, Am Schloss

ÖPNV
Buslinie 7620
→ **www.hvv.de**

Übernachtung und Restaurant
Hotels in Itzehoe, Restaurant Vis a Vis in Itzehoe

Events
Schlossführungen, Heiraten in der Kapelle, Golf

Kontakt
Gutsverwaltung Schloss Breitenburg
25524 Breitenburg
Tel: 04828 | 293
→ **www.schloss-breitenburg.de**

Damp – ein ehemaliges Jagdrevier

Das adlige Gut Damp liegt in Ostseenähe seitab der Straße zum gleichnamigen Urlaubs- und Klinikzentrum in der von zahlreichen großen Gutsanlagen geprägten Landschaft Schwansen, trotz der Nachbarschaft zu einem Ort des Massentourismus, fast abgeschieden und ruhig, eingewachsen in alte Buchen- und Eichenbestände.

Selten präsentieren sich schleswig-holsteinische Adelssitze so geschlossen wie Damp mit dem jahrhundertealten Herrenhaus, einem ganzen Ensemble urtümlicher reetgedeckter Scheunen und dem vorgelagerten Torhaus. Das Ganze ist umgeben von intakten Hofgräben, hochgewachsenen Alleen und einem weitläufigen Park, der in die Feldmark überleitet. Berühmt ist das Herrenhaus aus der Renaissance für seine einzigartige barocke Eingangshalle, die in ihrer prächtigen Ausstattung mit Treppe, Galerie, Orgelprospekt und figurenreicher Stuckdecke mehr einem Festsaal gleicht.

Ländliche Kleinresidenz mit dunkler Vergangenheit

Das Gut geht vermutlich zurück auf eine Rodung im 15. Jahrhundert auf damals bischöflichem Grund. Später hausten hier die altadligen Geschlechter Sehestedt und Pogwisch, nach 1519 längere Zeit die von der Wisch. Melchior von der Wisch erbaute 1595–1597 das heute noch vorhandene Herrenhaus, konnte sich seiner aber nur kurze Zeit erfreuen, da er bereits ein Jahr später von seiner Frau auf grausame Art umgebracht wurde. Eine Chronik berichtet: „Melchior v. d. Wische zu Damp ist von seiner eigenen Frauen, einer Blomin von Neemte (Nehmten), mit Gift vergeben, daß er ist von einander geborsten."

Der Bauhof vor dem zurückliegenden Herrenhaus wurde von Otto Rantzau errichtet, der das Gut 1626 bis 1650 besaß. Von 1640 stammen die mächtigen Fachwerkscheunen (Gerstenscheune und Kuhhaus), wohl auch das Torhaus. Das typisch schleswig-holsteinische Muster einer axialsymmetrisch ausgerichteten ländlichen Kleinresidenz wurde hier schon früh verwirklicht, ihm ordnen sich auch die späteren Hofbauten des 18. Jahrhunderts unter.

Das Herrenhaus – ein singulärer Renaissancebau

Wie das im 18. Jahrhundert abgebrochene Schloss in Tönning, war Damp nach dem ursprünglichen Plan ein zentraler Breitbau mit vier Eckpavillons – in Schleswig-Holstein als Herrensitz einzigartig. Von Tönning gibt es nur mehr eine schwache Vorstellung, Damp ist, wenn auch mit erheblichen Umbauten schon während der Erbauung, erhalten. Die Pavillons wurden, vermutlich aus rein praktischen Erwägungen, seitlich miteinander verbunden, sodass der Bau jetzt einen H-förmigen Grundriss aufweist, ergänzt um 1720 durch einen weiteren Flügel an der Westseite.

Die Epoche der Ahlefeldts

Doch die eigentliche künstlerische Bedeutung von Damp geht auf die Ahlefeldts zurück. Bendix, sein älterer Bruder Johann Rudolph und dessen Sohn Jürgen von Ahlefeldt bauten ab 1697 das Herrenhaus radikal um und schufen seine überaus noble barocke Ausstatung. Beim Betreten des Gebäudes durch das schlichte, inschriftlich 1597 datierte Renaissanceportal (1772 verändert) gelangt man unmittelbar in den Raum, der den Ruhm des Hauses ausmacht: die zweigeschossige, den gesamten Mittelbau einnehmende *Halle*. Sie entstand in den Jahren um 1700, wohl unter Beseitigung einer früheren Zwischendecke. Seit 1698 wird die Halle beherrscht durch die mächtige Orgel auf der einen Schmalseite, ihr gegenüber ein doppelläufiger Treppenaufgang, beide verbunden durch eine umlaufende Galerie, und darüber schließlich ein figurenreicher Stuckplafond mit vier vollplastischen, halb lebensgroßen Musikantinnenpaaren um ein von Putten gehaltenes Zifferblatt. Sie bilden ein leicht bekleidetes, auf unterschiedlichen Instrumenten spielendes ganzes Orchester in fröhlicher Bewegung. Flatternde Spruchbänder erläutern in lateinischer Sprache den Sinn der Inszenierung, ein Lob der Musik als schönstem Zeitvertreib. Die spannungsvolle Verbindung eines längs gerichteten Raumes, in der Anordnung von Treppe, Galerie und Orgel, mit einem durch die Deckengestaltung suggerierten Zentralraum ist in Schleswig-Holstein ohne Parallele.

Verherrlichung der Musik

Die Orgel wurde 1698/99 von dem Orgelbauer Hinrich Wiese aus der Brunswik in Kiel und dem Tischler Johann Waldmann aus Eckernförde geschaffen. Der auf der umlaufenden Galerie stehende, reich beschnitzte Orgelprospekt ist vierteilig aufgebaut in wohl abgewogener, konzentrierter Form und kräftig bewegtem Umriss: erhöht (in eine extra geschaffene Ausbuchtung der Decke) und etwas zurückliegend das Hauptwerk mit hoch aufsteigendem, polygonalem Mittelturm, spitzwinklig vortretenden Seitentürmen und ansteigenden Zwischenfeldern, die von einem vermittelnden, gesprengten Segmentbogengiebel überfangen sind. Davor befindet sich das in die vorschwingende Galeriebrüstung eingebaute Rückpositiv, das die Gliederung des Hauptwerkes in kleinerer Form wiederholt, und seitlich schließlich, etwas abgesetzt, die mächtigen, bis knapp unter die Stuckdecke reichenden Pedaltürme auf Fratzenkonsolen.

Auch die Wohnräume in den alten Pavillons, zugänglich durch beschnitzte Türen in breiten, gesimsbekrönten Pilasterrahmungen, wurden in dieser Zeit neu und aufwendig ausgestattet. Hervorzuheben ist die südwestlich gelegene *Kaminstube* mit einer außergewöhnlich prachtvollen Stuckdecke, wie in der Halle stark plastisch herausgearbeitet, mit üppigen Rahmungen aus Lorbeerbündeln, Fruchtgebinden und Akanthusranken. Ihr Mittelfeld zeigt das Allianzwappen Ahlefeldt-Rumohr, umgeben von Allegorien der Erdteile und der Jahreszeiten. Schöpfer der Stuckarbeiten waren die Italiener Domenico Carbonetti und Giuseppe Mogia.

Damp ist in Privatbesitz. Eine Besichtigung des Herrenhauses ist nach vorheriger Absprache in eingeschränktem Maße möglich.

Anfahrt
Von Eckernförde auf der B 203 Richtung Kappeln, Abzweig in Vogelsang-Grünholz Richtung Damp

ÖPNV
Autokraft Linie 3010 Eckernförde–Kappeln

Übernachtung und Restaurant
Restaurant Kuhhaus auf Anfrage, sonst beides im benachbarten Ostseebad Damp

Events
Besichtigung des Herrenhauses nach Voranmeldung

Kontakt
Gutsverwaltung Damp
24351 Damp
Tel: 04352 | 2203
→ **www.gut-damp.de**

Emkendorf – Vorwerk eines Raubnestes

Imekenthorp, das „Dorf des Imeko“ taucht erstmals 1190 in den Quellen auf. Es gehörte damals den Herren von Westensee, die das gesamte Gebiet rund um den gleichnamigen See westlich der Landeshauptstadt Kiel ihr Eigen nannten. Sie saßen noch im 14. Jahrhundert auf der Lohburg auf einer Insel im See, die als „Raubnest“ 1348 von den Schauenburger Grafen im Verein mit den Lübeckern eingenommen und zerstört wurde. Emkendorf war zu der Zeit ein praedium, also ein Vorwerk, das Mitte des 15. Jahrhunderts an die Familie von Ahlefeldt überging. Von 1595 bis 1720 war es im Besitz der Rantzaus und unter diesen um 1600 das größte Adelsgut im Lande. Doch in der Folgezeit ging es mit Emkendorf bergab. Cai Rantzau, ein „roher Herr“, erschlug 1642 einen Schreiber auf der ihm ebenfalls gehörenden Ahrensburg und starb 1645 im Gefängnis. Im Jahr zuvor ist Emkendorf angeblich beim Durchzug marodierender Truppen in Flammen aufgegangen.

Gut des Königs von England

1720 mussten die Rantzaus das Gut abgeben. Käufer war der englische König Georg I., der Emkendorf lediglich zur Versorgung seiner Maitresse Ehrengard Melusine von der Schulenburg brauchte und es durch den deutschen General Balthasar von Ahlefeldt, Ehemann der letzten Rantzau auf Emkendorf, verwalten ließ. Die gar nicht schöne Melusine – sie wurde von den Engländern nur die Vogelscheuche genannt, weil sie groß und hager war – war immerhin zur Herzogin von Kendal und Fürstin von Eberstein aufgestiegen, lebte ausschließlich in England und interessierte sich nicht für ihren holsteinischen Besitz.

So wurde Emkendorf schon 1729 wieder verkauft, diesmal an den hannoverschen Feldmarschall Cuno Josua Freiherr von Bülow. Auch er war nur kurz im Besitz des Gutes, da er schon 1733 das Zeitliche segnete, doch ein baufreudiger Herr. Auf ihn geht der Neubau des Herrenhauses nach Plänen des hannoverschen Baumeisters Cornelius Gottfried Treu zurück, ebenso die Errichtung der beiden mächtigen Wirtschaftsgebäude, Kuhhaus und Scheune. Bei seinem Tode war bis auf das Kuhhaus von 1730 nichts vollendet, dies geschah unter seinem Nachfolger Jean-Henri Desmercières, der Emkendorf 1743 übernahm.

Jean Henri Desmercières – Sohn einer Putzmacherin

Desmercières war ein außergewöhnlicher Mann. Unehelicher Sohn des Jean Henri Hueguetan, späteren Grafen Gyldensteen, mit einer Pariser Putzmacherin, brachte er es bis zum dänischen Geheimen Konferenzrat. König Friedrich IV. beauftragte ihn mit der Gründung eines staatlichen Bankhauses und machte ihn zu deren Direktor. Desmercières, der 1768 in den Grafenstand erhoben wurde, war ein entschiedener Förderer und Erneuerer der Landwirtschaft. In Holstein erwarb er die Güter Quarnbek, Warleberg, Rathmannsdorf und Emkendorf. Hier in Emkendorf baute er das begonnene Herrenhaus fertig, von dessen damaligem Ausbau noch eine wunderbar erhaltene Rokoko Stuckdecke über der später abgehängten klassizistischen Decke im *Festsaal* des Obergeschosses zeugt. Hier empfing er 1745 König Friedrich V. von Dänemark.

Seine bedeutendste Leistung war ohne Zweifel die erfolgreiche Eindeichung der Bredstedter Bucht mit dem Sophien-Magdalenen-Koog 1742 und dem Desmercières-Koog 1765, sowie die Eindeichung des Elisabeth-Sophien-Kooges auf dem Gebiet von Alt-Nordstrand, mit der schwere Landverluste der zweiten „Mandränke“, der Jahrhundertflut von 1634, wettgemacht wurden.

Der Emkendorfer Kreis

1765 kaufte Detlev Graf Reventlow auf Altenhof das Gut für seinen Sohn Fritz (1755–1828), der 1779 die Tochter Julia des dänischen Schatzmeisters Heinrich Carl Schimmelmann (s. Ahrensburg) heiratete. 1786 zog das Paar in Emkendorf ein. Ab 1791 erfolgte ein aufwendiger Ausbau von Hof und Herrenhaus durch den Schimmelmannschen Hausarchitekten Carl Gottlob Horn. Dieser modernisierte den Hof und das Herrenhaus und stattete es zusammen mit dem italienischen Maler Giuseppe Anselmo Pellicia und dem Stuckateur Francesco Antonio Tadei im klassizistischen Stil völlig neu aus.

Auf zwei Italienreisen 1783/84 und besonders 1795/97 erwarb das Ehepaar eine Fülle von Kunstwerken, vor allem Gemäldekopien nach klassischen Meisterwerken der Renaissance und des Frühbarock, aber ebenso zeitgenössische Gemälde, die in die Gestaltung der Wanddekoration des Herrenhauses integriert wurden. Die Fähigkeit des in Rom engagierten Pellicia, Groteskornamente frei und phantasievoll in der Art zu gestalten, wie sie Raffael in den Loggien des Vatikan geschaffen hatte, und pompejanische Dekorationssysteme zu handhaben, verdanken die Raumfolgen des Herrenhauses ihren besonderen Reiz, der es erlaubt, Emkendorf neben das eine Generation früher entstandene Wörlitzer Schloss zu stellen.

Die geradezu museal gestalteten Räume bildeten den Rahmen für die großzügige Gastfreiheit der Reventlows, die Emkendorf neben dem Eutiner Hof zu einem Kristallisationspunkt des geistigen Lebens der Herzogtümer machte und auch französischen Revolutionsflüchtlingen, u. a. Lafayette, vorübergehende Bleibe bot. Die Geisteshaltung des Emkendorfer Kreises war aristokratisch konservativ gegen politischen Liberalismus und religiösen Rationalismus gerichtet. Fritz Graf Reventlow wurde nach seinem Ausscheiden aus dem diplomatischen Dienst 1788 Führer der schleswig-holsteinischen Ritterschaft und als solcher konsequenter Verfechter der Standesinteressen des Adels. So hielt er auch an der Leibeigenschaft bis zur deren Aufhebung 1805 fest. Ein Widerspruch zur schwärmerischen Religiosität und Philanthropie Julias, die das Schicksal der Negersklaven in den dänischen Kolonien beklagte, wurde offensichtlich nicht gesehen. Mit dem Tode der lange kränkelnden „Sainte Julie“, die ihr Leiden zu einem religiösen Kult stilisierte, im Jahre 1816 und dem gleichzeitigen Versiegen der Schimmelmannschen Erbschaftsgelder endete dann die große Epoche Emkendorfs.

Das Herrenhaus ist nach Anmeldung für Gruppen zu besichtigen, der Park öffentlich zugänglich.

Anfahrt
Von Hamburg auf der A 7 Richtung Rendsburg Abzweig Warder auf den Altmühlendorfer Weg/Emkendorfer Straße. Von Kiel über Molfsee auf die L 255 Richtung Rendsburg

ÖPNV
Buslinie 620 Kiel–Emkendorf

Übernachtung und Restaurant
Hotels in Rendsburg, Restaurant Zum Fischmeister in Wrohe am Westensee

Events
Führungen im Herrenhaus nach Voranmeldung, Märkte, Laternenlauf, öffentlich zugänglicher Park

Kontakt
Herrenhausverwaltung
Gutshof 3
24802 Emkendorf
Tel: 04330 | 994690
→ **www.gutemkendorf.de**

Eutin – slawische Burg und Haus der Bischöfe

Die Stadt Eutin hat sich im Laufe des 12. Jahrhunderts aus dem Hauptort Utine des gleichnamigen ostholsteinischen Slawengaues entwickelt. Im Rahmen der Kolonisierung und Christianisierung der slawischen Gebiete entstand unter dem Missionar und späteren ersten Bischof Vicelin das frühe Bistum Oldenburg, dessen unsichere Lage in dieser Zeit um 1150 zu einer Niederlassung seines Nachfolgers Gerold im späteren Eutin führte. Sein Mentor Heinrich der Löwe stattete ihn mit Landbesitz und 300 Hufen aus, Grundlage des späteren reichsunmittelbaren Bistums und Fürstentums Lübeck.

Gerold gründete hier einen Markt, eine Kirche und einen Hof, der durch die späteren Bischöfe von Lübeck zu einer Burg ausgebaut wurde. Die Siedlung erhielt 1257 lübisches Stadtrecht. Bischof Johann von Tralau (reg. 1260–1276) baute um 1270/75 ein erstes Steinhaus, von dem noch Teile im Mauerwerk des heutigen Ostflügels stecken. Unmittelbar südlich anschließend errichtete sein Nachfolger Burkhard von Serkem (reg. 1276–1317) eine Kapelle, die 1293 geweiht wurde.

Wegen Auseinandersetzungen mit der Lübecker Bürgerschaft zog Burkhard sich im Jahre 1299 nach Eutin zurück. Hier gelang es ihm in der Folge, vier Kanonikate einzurichten, aus denen sich 1306 ein Kollegiatsstift entwickelte. Die Stadtkirche wurde zur Kollegiatskirche, ihr enger spätromanischer Chor für die neuen Chorherren durch einen lichten Neubau ersetzt. Seit dieser Zeit war Eutin Sitz der Lübecker Bischöfe (bis 1803).

Die fürstbischöfliche Residenz

Die schiefwinkligen Bauten insbesondere des Westflügels zeigen noch heute die mittelalterliche Herkunft des Schlosses. So standen einzelne Bauten ursprünglich vereinzelt an der umgebenden Wehrmauer, die später, vor allem im 17. Jahrhundert, miteinander verbunden wurden. Die Abfolge der unterschiedlichen Portale im Innenhof lässt die Bauentwicklung sehr schön nachvollziehen. Der große Stadtbrand 1689 machte vieles zunichte, was anschließend erneuert wurde, die heutige Gestalt bestimmt jedoch wesentlich der durchgreifende Umbau der Gesamtanlage unter Fürstbischof Christian August (reg. 1705–1726) durch Hofbaumeister Rudolph Matthias Dallin, der die Räume des Erd- und des Hauptgeschosses darüber zwischen 1717 und 1727 neu anlegte.

Ein bedeutender Raum der Zeit vor Dallin ist die *Schlosskapelle* über gotischem Gewölbekeller, die seit 1293 an gleicher Stelle im Winkel zwischen Ost- und Südflügel liegt und in dieser langen Zeit mehrfach erneuert wurde. Der heutige Zustand mit der hölzernen Ausstattung im Akanthusbarock geht auf die Zeit zwischen 1689 und 1694 zurück. Bedeutendstes Werk ist der Altaraufsatz mit einem Gemälde der Kreuzabnahme nach Rembrandt von 1632 in überaus reich geschnitztem Akanthusrahmen von Theodor Allers. Der zweigeschossige Raum mit umlaufender Holzempore und Fürstenloge über dem Altar hat als Vorbild die Gottorfer Schlosskapelle.

Dominierend ist der mächtige Torturm in der Mitte des zur Stadt gewandten Westflügels. Im Kern noch spätmittelalterlich, wurde er im 16. Jahrhundert um das Doppelte nach Westen vorgebaut und nach Norden verbreitert und erhielt um 1720 durch Dallin eine neue vereinheitlichte Gestalt: ein viertes Geschoss mit Dreieckgiebeln und bekrönender Laterne sowie vor der Durchfahrt ein rustiziertes Portal mit gekuppelten dorischen Säulen.

Dallin gliederte das Schloss nach barocken Prinzipien hierarchisch angelegter Appartements, die über neue Treppenhäuser, sowie neu angelegte Flure an den Hofseiten zugänglich sind. Die Zeit der Fürstbischöfe dokumentieren im Südflügel und südlichen Westflügel die Fürstenappartements. Am besten erhalten sind die Räume der Fürstin im Obergeschoss. Sie werden über die breite Haupttreppe im Südflügel erschlossen: zwei Vorzimmer, zwei Audienzzimmer (Louis XVI-Zimmer, Roter Salon), rundes Kabinett im Turm mit Wendeltreppe (escalier dérobé) zum unteren Appartement, Schlafzimmer (Europa-Zimmer) und Garderobe (Grüner Salon) im Westflügel. Die beiden letzten Räume wurden als erste um 1720/21 stuckiert, am reichsten das Europa-Zimmer mit kräftiger ornamentaler Scheinarchitektur und gelagerten allegorischen Hochrelieffiguren, die die Erdteile darstellen. Sie werden dem Tessiner Stuckateur Carlo Enrico Brenno zugeschrieben. Der Mittelspiegel trägt ein Gemälde mit dem Raub der Europa. Stilgleich ist der von Hermen getragene Stuckbaldachin in der Garderobe.

Schloss der Herzöge von Oldenburg

Im Rundgang nach Norden ist die um 1720 eingerichtete Kleine Küche der Herzogin mit Kamin bemerkenswert, deren Wände vollständig mit bemalten holländischen Fliesen belegt sind. Es folgen im nördlichen Westflügel und im Nordflügel Speisesäle und repräsentative Gesellschaftsräume, wie das Porzellanzimmer im Eckturm und der große Rittersaal mit stuckgezierten Kaminrisaliten und großformatigen Staatsporträts. Der Ostflügel schließlich beherbergt erlesen ausgestattete Gästeappartements für die frühere königliche Verwandtschaft.

Kostbares Mobiliar des 18. und frühen 19. Jahrhunderts, Gobelins, Tapeten dokumentieren die ungebrochene Tradition des früheren bischöflichen und späteren herzoglichen Hauses, wie kein anderes Schloss in Schleswig-Holstein, die größte Porträtsammlung Norddeutschlands zeigt die weitverzweigten verwandtschaftlichen Beziehungen des Hauses Gottorf.

Anfahrt
Von Kiel auf der B 76 über Preetz und Plön

ÖPNV
Mit der DB von Kiel Hauptbahnhof

Übernachtung und Restaurant
Hotels und Restaurants im benachbarten Ortszentrum, Restaurant und Café Schlossküche im Schloss

Events
Besuch von Schlossmuseum, Ausstellungen, Schlosspark, Küchengarten, Themenführungen, Konzerte, Eutiner Sommerspiele

Kontakt
Schlossbüro
Schlossplatz 5
23701 Eutin
Tel: 04521 | 7095-0
www.schloss-eutin.de

Gelting – eine mittelalterliche Festung

Im Mittelalter erstreckte sich über die beiden Kirchspiele Gelting und Kappeln ein großes Waldgebiet, der in König Waldemars Erdbuch von 1231 genannte Gyaelting, Krondomäne des dänischen Königs. Der damals für die Landschaft gebrauchte Name rührt vom dänischen galt = „Eber" her und meinte vielleicht im übertragenen Sinn ihre Form in Gestalt eines Eberkopfes. Der Topograph Johannes von Schröder vermutete hier um diese Zeit einen Königshof. Wann daraus das Gut Gelting entstand, ist unbekannt, möglicherweise, als im 14. Jahrhundert die Schleswiger Herzöge Eigentümer wurden und Teile des Gebietes veräußerten. Im 15. Jahrhundert saß hier die Familie von der Wisch, 1428 Claus von der Wisch, später wurde das Gut wieder königlich. König Johann gab es 1494 schließlich an Hans von Ahlefeldt. Die Ahlefeldts hielten Gelting bis 1724.

Hof und Herrenhaus sind befestigt und von ganz eigener Gestalt. Der riesige gepflasterte Wirtschaftshof hat die Form eines unregelmäßigen Vierecks, in das von Südwesten die Herrenhaus-Insel hineinragt. Beide sind von hohen Wällen und Gräben umgeben, die in ihrer ursprünglichen Anlage bis ins Mittelalter zurückgehen, in der jetzigen Form mit den Eckbastionen wohl erst im späten 17. Jahrhundert entstanden sind. Wir finden Reste solcher Insel-Anlagen auf vielen anderen Gütern in Schleswig-Holstein. Das dreiflüglige Herrenhaus, in dem manche ältere Teile stecken, geht in seinem heutigen, stark holländisch geprägten Erscheinungsbild auf das 18. Jahrhundert zurück. Es hat einen geräumigen Ehrenhof und ist zugänglich über eine heute feste Brücke vom Wirtschaftshof. Zum südlich anschließenden Garten führt eine hölzerne Klappbrücke.

Bauer und Baron

Die Geschichte Sönke Ingwersens, des späteren Barons von Geltingen, gleicht in gewisser Weise der des verlorenen Sohnes. 1715 als Bauernsohn im nordfriesischen Langenhorn geboren, geriet er mit 19 Jahren auf einem Tanzfest in eine Prügelei, in der er glaubte, seinen Nebenbuhler erschlagen zu haben. Er flüchtete deswegen noch in derselben Nacht im Jahre 1734 von zuhause bis nach Hamburg, von dort weiter nach Amsterdam, wo er auf einem Schiff anheuerte, das ihn nach Ostindien brachte. In Batavia erhielt er eine Anstellung bei der holländischen Ostindienkompanie und reüssierte hier auf erstaunliche Weise bis zum Residenten der Gesellschaft in Cheribon (Cirebon) auf der Insel Java. Er heiratete die schöne Adriana van Loo aus angesehenem holländischen Geschlecht und brachte es zu Vermögen und Ansehen. Doch seine Frau verstarb früh und man sagt, das Heimweh habe ihn nach ihrem Tode so überwältigt, dass er mit seinem gesamten Besitz 1757 nach Europa zurückkehrte, um sich nach einem kurzen Aufenthalt im niederländischen Haag auf Dauer in Schleswig-Holstein niederzulassen.

Gelting war inzwischen nicht eben glücklich durch zahlreiche Hände gegangen und letztlich zum dritten Mal in der Hand des dänischen Königs, der es wieder loswerden wollte, immerhin aber durch seinen Statthalter auf Gottorf, den Markgrafen von Brandenburg-Kulmbach in den Jahren 1746 bis 1753 Scheunen, Ställe und Torhaus erneuern ließ, so dass das Gut in respektablem Stande war.

Ein Herrenhaus im holländischen Stil

Noch vom Haag aus kaufte Sönke Ingwersen das Gut Gelting, angeblich auf einen Hinweis des dänischen Staatsministers Johann Hartwig Graf Bernstorff an den dänischen Botschafter in Den Haag. In den folgenden Jahren wurde das Herrenhaus in aller weitgehend erhaltenen Gediegenheit ausgebaut und künstlerisch ausgestattet. Die umfangreichen baulichen Veränderungen Ingwersens in den 1770er-Jahren betrafen vor allem den höheren Mitteltrakt, der rückwärtig um das Doppelte vergrößert wurde und zwei parallele Walmdächer erhielt, dazu siebenachsige, weitgehend in große holländische Schiebefenster aufgelöste Fronten mit hölzernen Mittelportalen über Freitreppen. Die Portale sind untereinander durch einen sich im rückwärtigen Hausteil verengenden Flur verbunden; linker Hand liegt das schachtartige, von zwei Fensterachsen erhellte Treppenhaus mit Datum 1772 am geschnitzten Geländer. Die qualitätvollen Stuckaturen in Flur, Treppenhaus und Haupträumen des Mitteltraktes, 1777–1783 von Michel Angelo Tadei aus Lugano gefertigt, zeigen eine strenge, schlichte Gliederung in gerahmten Wandfeldern, weiß auf grünblauem Grund, und zart angelegte Decken in Dekorformen des ausgehenden Rokoko und frühen Klassizismus.

Am prachtvollsten präsentiert sich der große Festsaal im Obergeschoss am Ende des Mittelflures mit vier Fenstern zum Park: Das künstlerische Gewicht liegt auf der Wandgliederung in einem lebendigen Wechsel der breiten Türen mit Panneaugruppen, dazu der wirkungsvolle Kontrast von flacher, strenger Felderrahmung und kompakten, greifbaren Gehängen aus Geräten und Musikinstrumenten (Symbole der Künste) in den schmalen, Blüten und Fruchtgirlanden in den breiten Feldern. Die Supraportenreliefs zeigen Allegorien der vier Erdteile, des Gartenbaus (Venus) und der Jagd (Diana). Blickfang ist ein großes, von Tadei 1777 signiertes Stuckrelief in der Mitte der rechten Schmalseite mit einer allegorischen Darstellung der Welterfahrungen des Bauherren. An der gegenüberliegenden Seite über dem Kamin sein Porträt in einem Medaillon und sein Adelswappen. Der gesamte Raum ist eine Apotheose des Bauherrn, seiner Bedeutung als Liebhaber der Wissenschaften und als Freund der Künste, auch der Gartenkunst.

Bereits ein Jahr nach dem Erwerb des Gutes, 1759, wurde der Bauernsohn aus dem nahegelegenen Langenhorn in den dänischen Adelsstand erhoben als Seneca Baron von Geltingen. Er starb 1786, seine Nachkommen sitzen noch heute auf Gelting.

Hof, Herrenhaus und Park sind in Privatbesitz und können nicht besichtigt werden.

Anfahrt
Von Flensburg auf der B 199, im Ort Gelting links abbiegen Richtung auf der Kreisstraße 58

ÖPNV
Von Flensburg Autokraft Linie 1605

Übernachtung und Restaurant
Gasthof Gelting, Hotel und Restaurant

Events
Wanderungen, Radtouren im Naturschutzgebiet Geltinger Birk

Kontakt
Privatbesitz, für Besucher nicht zugänglich
⇢ **www.gelting.de**

Glücksburg – Residenz eines abgeteilten Herren

Unweit des heutigen Schlosses stand im Mittelalter ein mächtiges Zisterzienserkloster, über dessen einstiger Stätte heute der großflächig aufgestaute Schlossteich schimmert. Aus den Steinen des „Rudeklosters" entstand 1583–1587 das Residenzschloss Herzog Johanns von Schleswig-Holstein-Sonderburg, jüngster Bruder des dänischen Königs Friedrich II. Johann oder Hans der Jüngere, so genannt im Unterschied zu seinem Onkel Herzog Johann dem Älteren (1521–1580), war der jüngste Sohn König Christians III. Er lebte von 1545 bis 1622, hatte 1564 durch Landesteilung ein kleines zersplittertes Territorium erhalten, das im Herzogtum Schleswig die Inseln Alsen mit den Schlössern Sonderburg und Norburg, Ærö und die Halbinsel Sundewitt umfasste, in Holstein die Ämter Plön und Ahrensbök.

1582 kamen durch Erbgang und eine weitere dynastische Teilung die landreichen säkularisierten Zisterzienserklöster aus dem 13. Jahrhundert, Reinfeld bei Lübeck und Rudekloster im nördlichen Angeln, hinzu. Beide ließ der Herzog kurzerhand abbrechen und an ihrer Stelle die Schlösser Glücksburg und Reinfeld errichten. Auch in Ahrensbök baute er, nach dem Abbruch des dortigen Karthäuserklosters, ein Schloss.

Gott gebe Glück mit Frieden

Erhalten ist von den von Hans d. J. errichteten Schlössern nur Glücksburg. Die ausgedehnte erfolgreiche Landwirtschaft des Rudeklosters, von dem dürftige Überreste erstmals 1962 im abgelassenen Schlossteich gefunden wurden, bildete den Grundstock für einen großen gutswirtschaftlichen Betrieb des Herzogs. Sein Wahlspruch „G.G.G.M.F." wird als „Gott gebe Glück mit Frieden" gedeutet und findet sich im Namen seines Hauptschlosses wieder. Die zahlreichen Räume der Glücksburg dienten einer großen Familie, denn der Herzog hatte aus zwei Ehen 12 Töchter und elf Söhne.

Das Schloss erhebt sich unmittelbar aus dem Schlossteich, in dem es sich als verputzter Bau in strahlendem Weiß (wenn es frisch gekalkt ist) vor dunkler Baumkulisse spiegelt. Nordöstlich zur Landseite liegt auf künstlich angeschütteter Insel der Vorhof mit Torhaus, Kavaliershaus und Wirtschaftsgebäude im Karree angeordnet. Zwei Dämme anstelle ehemaliger Brücken verbinden den Vorhof mit dem Schloss und dem Seeufer, ein Steg führt vom Vorhof in der Achse des Schlosses zum Garten am nördlichen Ufer.

Bis auf den Kontrakt mit dem Baumeister Nikolaus Karies vom 21. Dezember 1582 gibt es praktisch keine Quellen, keine Pläne und Rechnungen aus der Bauzeit, doch ist das Schloss im Laufe der Jahrhunderte wenig verändert worden. Unter Johanns Nachfolgern wurden allerdings umfangreiche Instandsetzungs- und Verschönerungsarbeiten vorgenommen, erkennbar ist dies insbesondere in der Kapelle, die um 1620 eine neue Kanzel erhielt, 1642 einen Altaraufsatz und 1717 vollständig erneuert wurde. Die Wohn- und Repräsentationsräume wurden naturgemäß den Bedürfnissen der jeweiligen Bewohner angepasst, wie es den erhaltenen Inventaren seit 1698 zu entnehmen ist. So ist heute die gesamte ursprüngliche Ausstattung des Schlosses verschwunden, bis auf den Stuck in einigen Räumen. Hervorzuheben ist dabei der *„Rote Saal"* im ersten Obergeschoss mit einfachem, ganz flachem Beschlagwerksystem, darin Rosetten, Mädchenköpfe und Reliefbüsten in Zeittracht.

Umbauarbeiten außen wie innen

In den 1980er-Jahren ergaben Untersuchungen, dass die spitzen Turmdächer erst 50 Jahre nach der Erbauung aufgebracht wurden. Das 19. Jahrhundert ist vor allem für die Dezimierung der Dachlandschaft verantwortlich: Zwischen 1814 und 1835 werden die vier Zwerchhäuser mit ihren Volutengiebeln auf den Traufseiten abgebaut, die verbleibenden Hauptgiebel ihrer geschweiften Renaissance-Konturen beraubt. Nachdem das Schloss 1854 königlich geworden war, erfolgten unter dem Flensburger Stadtbaumeister Laurids Albert Winstrup Restaurierungen, 1906/07 dann neben verschiedenen kleineren Umbauten im Innern die Umwandlung von Abortpfeilern in Erker und der Wiederaufbau der Zwerchhäuser mit schlichten Giebeln.

Entwicklungsgeschichtlich ist Glücksburg aus drei parallelen Häusern zu einem fast quadratischen Baublock zusammengesetzt, an dessen Kanten achteckige Türme gefügt wurden. In seiner absoluten Regelhaftigkeit und Symmetrie geht dieser Entwurf letztlich auf das Lehrbuch des im 16. Jahrhundert wiederentdeckten antiken Baumeisters Vitruv zurück, das vor allem in der Renaissancearchitektur Nordfrankreichs, speziell der Loire-Schlösser, Anwendung fand. Dort holten sich Fürsten und Adlige aus Nordeuropa auf ihren Bildungsreisen Anregungen für Neubauten in der Heimat.

Stammschloss der europäischen Königshäuser

Die Nachkommen Herzog Johanns d. J., die ältere Glücksburger Linie, starb mit dem kinderlosen Herzog Friedrich Hinrich Wilhelm 1779 aus. Das Lehen Glücksburg wurde vom dänischen König eingezogen und nach dem Tode der Witwe des letzten Herzogs 1824 an die Nebenlinie Schleswig-Holstein- Sonderburg-Beck gegeben. Ihr entstammte der 1863 zum dänischen König ausgerufene Christian IX. Mit seinen zahlreichen Kindern, die er überaus glücklich in europäische Fürsten- und Königshäuser verheiraten konnte, wurde er der „Schwiegervater Europas" und machte sein Stammhaus Glücksburg zur „Wiege der europäischen Fürstenhäuser". Noch heute geht neben dem dänischen das norwegische Königshaus auf ihn zurück, früher waren es das griechische Königshaus und die russische Zarenfamilie. Enge verwandtschaftliche Beziehungen bestehen zur britischen Krone und zum Haus Hannover.

Schloss Glücksburg ist eine Stiftung und öffentlich zugänglich, für Einzelpersonen und im Rahmen von Führungen.

Anfahrt
Von Flensburg auf der B 199, in Wees links abbiegen auf die Glücksburger Chaussee Richtung Glücksburg

ÖPNV
Von Flensburg mit VSF GmbH/förde-BUS Linie 1550/21

Übernachtung und Restaurant
Zahlreiche Hotels und Restaurants im direkten Umfeld

Events
Besichtigungen, Führungen, Tagungen, Feiern, Hochzeiten, Konzerte

Kontakt
Stiftung Schloss Glücksburg
24960 Glücksburg
Tel: 04631 | 442330
→ **www.schloss-gluecksburg.de**

Gottorf – Stammsitz der Schleswiger Herzöge

Die ursprüngliche Burg der Schleswiger Bischöfe steht an einem neuralgischen Ort der mittelalterlichen deutsch-dänischen Geschichte. Errichtet im innersten Winkel der Schlei, ist ihre Lage am wichtigsten natürlichen Verkehrsweg für den West-Ost-Handel nicht zufällig gewählt – unmittelbar hinter der älteren Grenzbefestigung nach Süden, dem jüngsten Weltkulturerbe Danewerk. Es stößt hier in Sichtweite auf den nach der endgültigen Zerstörung 1066 aufgegebenen Handelsort Haithabu, mit heute noch erhaltenen Burghügel und Ringwall. Gottorf galt als „quasi clavis et custodia totius Daniae", gleichsam als Schloss und Riegel ganz Dänemarks. Eine erste Burg weiter nördlich war nach 1161 aufgegeben worden. 1268 tauschte Herzog Erik von Schleswig die Burg Gottorf gegen das abgelegene Schwabstedt und baute sie festungsmäßig aus. Unter den Schauenburgern im 14. und 15. Jahrhundert widerstand die Burg mehrfach dänischen Belagerungen.

Die mittelalterliche Anlage war vermutlich ein querrechteckiges Ringmauerkastell mit mehreren, um den Innenhof gruppierten Gebäuden und Türmen an der Ostseite. Ob das unlängst an der Südwestecke freigelegte Fundament eines Rundturms, das den Dimensionen des an der Nordwestecke erhaltenen „Schlachterturms" auffallend ähnelt, zu einer frühen Doppelturmanlage an der Westseite gehört, scheint nahezuliegen, wäre aber noch näher zu untersuchen.

Fürstensitz der Frührenaissance

Um 1530 veranlasste König Friedrich I. von Dänemark, der Gottorf zu seinem Hauptsitz gemacht hatte und später im Schleswiger Dom begraben wurde, einen bemerkenswerten Neubau des Westflügels, der heute als erster Frührenaissancebau im Lande gilt. Sein Sohn Adolf (1526–1586), der eigentliche Begründer des Gottorfer Herzogshauses, und der ihm nachfolgende Johann Adolf († 1616) bauten die in Teilen noch mittelalterliche Burg nach einer Brandkatastrophe in der Silvesternacht 1564/65 umfassend weiter aus zum vierflügeligen Residenzschloss mit einem erneuerten Südflügel und einem neuen Haupttrakt im Norden.

Aus der Zeit Friedrichs I. blieben die große zweischiffig gewölbte Halle im Erdgeschoss des westlichen Südflügels und der Pallas des Westflügels, in den Quellen als „Neues Haus" genannt, bestehen. Umfangreicher, wenn auch nicht in jedem Detail fassbar, sind die erhaltenen Um- und Neubauten aus der Zeit des Herzogs Adolf, da sie wohl vielfach erst von seinen drei Söhnen als seinen Nachfolgern vollendet wurden.

Die genannte Halle, auch „Gotische Halle" genannt, ist nach neueren Erkenntnissen um 1500 als *Burgstube* entstanden, als der gesamte damalige Südflügel neu errichtet wurde, mit zwei weiteren Geschossen über der Halle. Im ersten lag der sogenannte *Tanzsaal*, im zweiten eine *Wohnung der Herzogin*. Möglicherweise ist zur gleichen Zeit auch der große Hauptturm neben den Südflügel gesetzt worden. 1530, am Ende der Regierungszeit Friedrichs, war der Westflügel im Bau, genetisch ein aus vier Giebelhäusern zusammengesetzter mächtiger Palast, vollendet unter Christian III. mit einer fantasievollen Doppelgiebelfassade zum Hof der noch mittelalterlich geprägten Burg. Ungelenk mit einer eher spätgotischen Lisenenteilung in sechs gleiche Wandabschnitte, je drei ehemals unter einem Ziergiebel, dominierten vor allem die reiche Dekoration mit Relieftafeln und die großformatige und regelmäßige Durchfensterung seine Schaufassade, die in einem weitgehend in Glas aufgelösten, achtseitigen, wandhohen Standerker mittig vor der Fassade kulminierte. Dieser ungewöhnliche, mit beheizten Kabinetten ausgestattete Erker ging bei einer Pulverexplosion im Schlosshof 1871 zugrunde und wurde bei der Freilegung der Fassade 1978–1985 mit zahlreichen erhaltenen Werkstücken in alter Form rekonstruiert.

Intensiver Ausbau unter Herzog Adolf

1544 kam Gottorf bei der zweiten Teilung der Herzogtümer in den Besitz des Herzogs Adolf, der sich damals auf den Schlachtfeldern Europas tummelte, spätestens jedoch ab 1565 sich intensiv dem weiteren Ausbau der Residenz Gottorf widmete. Ab diesem Zeitpunkt wuchs in den nächsten 25 Jahren unter der Leitung des von Adolf hauptsächlich beschäftigten Baumeisters Herkules Oberberg der mächtige, breitgelagerte Nordflügel empor, der die bedeutendsten erhaltenen Räume aus dieser und der folgenden Zeit birgt. Vor allen anderen ist zu nennen die in zwei Geschossen durch die Tiefe des Flügels gelegte *Schlosskapelle* von 1590 mit ihrer hölzernen, überreich dekorierten beschnitzten und farbig gefassten Emporenarchitektur und die in diese über dem Altar eingefügte *Herzogliche Betstube* von 1609–1615, die mit ihrer Prunkfassade die Kapelle beherrscht.

Unmittelbar östlich anschließend liegt der noch auf Adolf zurückgehende, doch erst nach seinem Tod, ebenfalls 1595 fertiggestellte *Hirschsaal*, der Fest- und Bankettsaal des Schlosses, mit üppiger schwarz-weißer Sgrafittomalerei an den Gewölben und einem umlaufenden Fries mit überlebensgroßen, als Stuckreliefs geformten Hirschen in einer gemalten Landschaft. Diese manieristische Mode, Jagdtrophäen als Wandschmuck, sozusagen lebensecht zur Schau zu stellen, hatte der Herzog aus französischen Schlössern übernommen.

Die späteren Ausstattungszyklen während der im weiteren Verlauf des 17. Jahrhunderts anschließenden Hochphase der sog. Gottorfer Kultur unter den Herzögen Friedrich III. und Christian Albrecht ließen diese und weitere Räume der Renaissance zum Glück unberührt. Sie stehen für zahllose weitere, die heute verschwunden sind.

Im Schloss sind die Landesmuseen für Kunst und Kulturgeschichte sowie für Archäologie untergebracht.

Anfahrt
Von Hamburg auf der A 7 Richtung Flensburg, Abfahrt Schuby/Schleswig

ÖPNV
Mit der DB von Hamburg, Busse VSF GmbH von Husum, Rendsburg, Eckernförde

Übernachtung und Restaurant
Hotels und Restaurants in Schleswig und Friedrichsberg, Konditorei und Brasserie OCCO am Schloss

Events
Kunst- und kulturgeschichtliche und archäologische Sammlungen und Dauerausstellungen, Sonderausstellungen, Besichtigungen, Märkte, Konzerte

Kontakt
Information, Buchung
Schlossinsel 1
24837 Schleswig
Tel: 04621 | 813-222
→ **www.schloss-gottorf.de**

Güldenstein – wendischen Ursprungs

Das Gut ist verhältnismäßig spät, erst Ende des 16. Jahrhunderts, entstanden. Damals gab es zwei Dörfer, Deutsch- und Wendisch-Gneningen. Aus ersterem und aus der Feldmark des letzteren soll 1584 das adlige Gut entstanden sein. Der Name taucht 1599 als Guldenstein auf, 1651 als Guldesten, „zum goldenen Stein". Caspar Danckwerths Landesbeschreibung von 1652 nennt neben dem Hof Güldenstein noch den Ort Gnenin.

Gründer des Gutes war wohl Jürgen Sehestedt, der umfangreichen Besitz an der Obereider und in Dänemark hatte. Er wird 1599 auf Güldenstein genannt. Ihn beerbte sein Sohn Alexander, der Güldenstein bereits 1608 an Hinrich v. d. Wisch weiterverkaufte. Dem folgten die Ahlefeldts und im Erbgang die Familie Brockdorff. 1701 kam Güldenstein an Wulf Hinrich von Thienen.

Die baulustigen Thienens

Unter den zahlreichen späteren Besitzern ragen die reichen und baufreudigen Thienens hervor. Wulf Heinrich von Thienen († 1708) auf Wahlstorf und Schinkel kaufte Güldenstein 1701, sein Neffe Heinrich († 1737), der 1722 auch Grünholz in Schwansen erwerben konnte, ließ in den Jahren 1726–1728 von dem Eutiner Hofbaumeister Rudolph Matthias Dallin das repräsentative Herrenhaus errichten. Ihm folgte der älteste Sohn Wulf Heinrich von Thienen († 1809), „eine[r] der reichsten und angesehensten Männer, die unser Land im 18. Jahrhundert hervorgebracht hat" (Henning von Rumohr). Er allerdings hatte seinen Hauptwohnsitz auf Sierhagen und verkaufte Güldenstein 1779 an seinen Nachbarn Cay Rantzau auf Gaarz († 1792), mit dessen Witwe Anna Ernestine, geb. von Brockdorff († 1818), durch ihre zweite Ehe mit Baron Charles Joseph Selby sich eine ebenso verwickelte wie reizvolle Familiengeschichte ergeben sollte, die Henning von Rumohr ausführlich beschrieben hat.

Wohnsitz der Herzöge von Oldenburg

1839 wurde Güldenstein Teil des ostholsteinischen Güterbesitzes der Großherzöge von Oldenburg, vor dem Reichdeputationshauptschluss von 1803 Fürstbischöfe von Lübeck, die seit dem 17. Jahrhundert ihren Grundbesitz in Ostholstein durch Güterkäufe kontinuierlich ausgebaut und als Fideikommiss abgesichert hatten. Zur Zeit seiner größten Ausdehnung, nach 1865, umfasste der Besitz eine Fläche von 18 000 Hektar. Nach dem Ersten Weltkrieg wurden die Zeitpachtdörfer in freies Eigentum umgewandelt und die meisten Güter aufgesiedelt: Zu Güldenstein gehörten 1908 die Meierhöfe Kayhof, Rantzaufelde, Rethwisch, das Dorf Harmsdorf und zahlreiche Einzelstellen. Güldenstein ist heute Mittelpunkt der restlichen großherzoglichen Besitzungen in Ostholstein, nachdem dies früher lange Zeit Lensahn gewesen war.

Die *Hofanlage* ist in altertümlicher, mindestens auf das 16. Jahrhundert zurückgehender Weise als nord-süd-gerichtetes Oval angelegt, von breitem Wassergraben umgeben. Das *Herrenhaus*, 1726–1728 von Rudolph Matthias Dallin für Heinrich von Thienen errichtet, ist eines der Hauptwerke des Spätbarocks im Lande. Der prachtvolle Backsteinrohbau, zweigeschossig über hohem Kellersockel, mit ausschwingendem Walmdach, hat an der Hofseite elf Fensterachsen, je drei in kurzen, eine Achse tiefen Seitenflügeln vorgezogen und ebenfalls drei in einem Mittelrisalit unter flachem, von einer Laterne bekröntem Dreieckgiebel zusammengefasst. Die Rückfront, die sich unmittelbar aus dem hier seenartig erweiterten Hofgraben erhebt, ist von untergeordneter Bedeutung. Sie wird seitlich durch altmodische Abtrittpfeiler begrenzt, der Mittelrisalit ist hier ohne Giebel, mit einem knappen Schleppdach ausgebildet. Die straffe, klare Gliederung der Hoffassade zeigt breite Rustikastreifen an den Kanten und stichbogige Ohrenrahmen der Fenster aus geweißtem Backstein. Im Mittelrisalit sitzt über hoher Freitreppe ein Pilasterportal aus Werkstein mit von Löwen gehaltenem Doppelwappen Thienen/Brockdorff im gesprengten Giebel. Das Schmiedegitter an der Treppe stammt von 1787.

Die *Raumaufteilung* ist im Wesentlichen aus der Erbauungszeit. Im Zentrum liegt das quadratische *Vestibül* mit grau-rotem Öländer Plattenboden und schwungvoll stuckiertem Bandelwerk an der Decke, seitlich zwei reich stuckierten Kaminrisaliten, die große mythologische Gemälde tragen. Dahinter, durch drei jüngst wieder freigelegte Rundbögen abgeteilt und mittig zugänglich, steigt im gartenseitigen Risalit das schmale *Treppenhaus* mit derb geschnitzten Dockengeländern doppelläufig vom Keller bis zum Dachboden empor. Qualitätvolle Stuckaturen im Régencedekor mit feinen, leicht manierierten, michelangelesken Relieffiguren, prägen neben dem Vestibül vier Erdgeschossräume. Sie wurden um 1728–1730 von dem vorher in Ottobeuren tätigen Giuseppe Antonio Bossi, vielleicht unter Beteiligung der Mogia-Werkstatt im Vestibül und im Ostflügel, geschaffen. Besonders reizend hier ein Kabinett mit von Bossi signierter Stuckdecke, die Jünglingssklaven zeigt, ähnlich denen Michelangelos in der Sixtinischen Kapelle im Vatikan, die Reliefschilde halten, in den Eckfeldern Putten, die die Elemente allegorisieren.

Die Stuckdecke des nach vorne anschließenden *Eckkabinetts* ist in derberer Komposition gehalten mit Muscheln, Lambrequins, Füllhörnern und Drachen um eine gemalte Götterallegorie mit geschweiftem Rahmen in der Mitte. Bei den letzten, 2002–2004 erfolgten Restaurierungsmaßnahmen im Hause konnte in diesem Raum eine illusionistische Säulenmalerei auf den holzvertäfelten Wänden freigelegt werden, die einen Außenraum suggeriert.

Hof, Herrenhaus und Park sind in Privatbesitz und können nicht besichtigt werden.

Anfahrt
Von der L 258 zwischen Lensahn und Harmsdorf mehrere Zufahrten

ÖPNV
Gemeindebus von Lensahn nach Güldenstein
⇢ **www.lensahn.de**

Übernachtung und Restaurant
Ferienwohnungen auf dem Gut, Weissenhaus Grand Village Resort und Spa am Meer, Hotel und Gourmetrestaurant

Events
Wanderungen, Radwanderungen, kurze Verbindungen zu allen umliegenden Ostseebädern von Grömitz bis Weißenhäuser Strand

Kontakt
Caroline Herzogin von Oldenburg
Mobil 0172 | 4343073
⇢ **www.urlaub-gueldenstein.de**

Hagen – Besitz der Geschlechter Pogwisch und Blome

Das Haus der Lucia Pogwisch gehört zu den besterhaltenen Herrenhäusern des 17. Jahrhunderts im Lande. Ein Backsteinbreitbau mit zwei regelmäßigen Flügeln, in der Mitte davor ein Treppenturm mit offener Laterne und bekrönender Zwiebelhaube bildete den Mittelpunkt der regelmäßig angelegten frühbarocken Gutsanlage, von der heute nur noch zwei Seitenflügel des früheren Torhauses stark umgebaut erhalten sind. Das große Gut, seit 1813 Familienfideikommiss, wurde 1932 aufgesiedelt, das Herrenhaus kam in den Besitz der angrenzenden Gemeinde Probsteierhagen, die mächtigen Wirtschaftsgebäude, darunter die größte Fachwerkscheune Schleswig-Holsteins von 1626, wurden abgebrochen. An ihrer Stelle stehen heute belanglose Wohnbauten. Hinter dem schmiedeeisernen Geländer der ehemaligen Brücke über den nur noch in Resten vorhandenen Burggraben liegt heute noch immer eine andere Welt.

Lucias Haus

Hagen, mit dem benachbarten Dobersdorf über Jahrhunderte verbunden, gehört zu den wenigen Gütern, die stets in den Händen einer Familie blieben. Gegründet offenbar vom Landesherrn, als „indago comitis“ (Gehege des Grafen, d. h. Adolfs V. von Schauenburg) 1264 erstmals quellenmäßig belegt, war es 1536 im Besitz von Bertram Pogwisch, dessen Familie schon seit 1400 auf Dobersdorf saß. Die letzte dieser Linie auf Hagen, Lucia Pogwisch, erbte Hagen 1636 und heiratete zehn Jahre später Hinrich Blome aus dem Hause Seedorf, Amtmann von Rendsburg, dem auch die bedeutenden Güter Farve und Waterneversdorf gehörten. Lucia ließ auf Hagen das 1650 vollendete Herrenhaus errichten.

Hinrich Blome starb 1676 auf Hagen, seine Frau überlebte ihn bis 1685. Beide sind Begründer des bis in das 20. Jahrhundert bestehenden Blomeschen Besitzes Hagen-Dobersdorf. Nach dem Tode der Mutter teilten die Söhne Wulf, Christoph und Hinrich d. J. das Erbe unter sich auf. Wulf, der bedeutendste von ihnen, erhielt Hagen und Dobersdorf.

Klosterprobst Wulf Blome

Wulf Blome (1651–1735) erwarb die gleichen Titel und Ehrungen wie sein Vater, er war königlicher Jägermeister und Amtmann von Apenrade und Lügumkloster, wurde darüber hinaus im Jahre 1701 Probst des adeligen Klosters Preetz. Als Patron der Probsteierhagener Kirche veranlasste er um 1713 die Errichtung der Blomeschen Grabkapelle, in der seine zweite Frau 1717 beigesetzt wurde, und gleichzeitig die wunderbare Ausstattung des Chores durch den italienischen Stukkateur Giuseppe Mogia.

In seinem Hauptwohnsitz Hagen ließ Wulf Blome, der 1684 das Gut von seiner Mutter übernommen hatte, wohl schon vor 1700 aufwändige Verschönerungen vornehmen. Zeugnisse dieser Umgestaltung sind das neuerdings so genannte „Pogwisch-Zimmer“, ein illusionistisch gemalter Gartenpavillon, sowie bedeutende Reste der damaligen Neu-Stuckierung in der Eingangshalle und im Saal des Westflügels. Wulf Blomes Enkel Christoph (1741–1814), der letzte Blome auf Hagen und Dobersdorf, tat sich nicht weiter hervor und ging völlig in der Landwirtschaft auf. Der Bau des Kuhhauses auf Hagen 1766 geht auf ihn zurück. Nach dem frühen Tod seines einzigen Sohnes Wulf – dieser starb als Student 1803 in Paris an der Schwindsucht – ordnete er testamentarisch die zukünftige Verwaltung des Familienfideikomisses Hagen-Dobersdorf durch Administratoren an.

Kulturzentrum der Gemeinde

Der Haupthof Hagen wurde 1930 restlos aufgesiedelt. Für die riesige Fachwerkscheune von 1626 und das gegenüberliegende Kuhhaus des 18. Jahrhunderts fand man keine Verwendung – beide wurden 1931 abgebrochen. An ihrer Stelle stehen heute Wohnhäuser aus den 1960er- bis 1990er-Jahren, die keinen Eindruck mehr von der ehemaligen Hofanlage gewinnen lassen. Das alte Herrenhaus, einigermaßen abgeschirmt durch eine Reihe hoher alter Rosskastanien, kam zusammen mit fünf Hektar Landschaftspark in den Besitz der Gemeinde Probsteierhagen und diente bis 1969 als Volksschule. Die repräsentativen Räume des Erdgeschosses und der wiederhergestellte Keller werden heute für kulturelle, soziale und sonstige Veranstaltungen der Gemeinde genutzt. 2010 fand die jüngste umfangreiche Instandsetzung ihren Abschluss.

Das 1648–1650 errichtete *Herrenhaus* lag in einem älteren, ursprünglich sehr viel größeren Hausgraben, von dem heute nur noch ein Reststück nordwestlich des Hauses vorhanden ist. Das Wasser leitete man aus der zu einem Mühlenteich aufgestauten Au ab, deren Wasser gleichzeitig die zum Gut gehörige Wassermühle betrieb. Das Haus steht mit einiger Sicherheit auf der Stelle eines älteren Bauwerks. Befunde im Keller des Ostflügels – der Rest eines kleinen, kreuzgratgewölbten Raumes, ein kreisrundes Turmfundament und einige zweitverwendete Balken, die um 1591 datiert sind – deuten darauf hin. Hagen nimmt den Typus der Dreiflügelanlage wieder auf, der durch damals noch stehende Häuser des 16. Jahrhunderts wie Wandsbek und Redingsdorf, aber auch die landesherrlichen Schlösser Reinbek und Husum bekannt war. Kurz vorher, 1634–1636, war das dreiflügelige Schloss zu Plön entstanden.

Hagen ist ein entsprechend schlicht gestalteter Backsteinbau, zweigeschossig mit steilen Satteldächern, der seine Wirkung im Wesentlichen aus der Komposition der Bauteile und der regelmäßig angeordneten Fenster erzielt. Die Fassaden sind mit Mauerankern besetzt, über dem Erdgeschoss als Datum und Initialen AN/NO/HB/LB/16/49. Archaisch wirken die Treppengiebel und die nach 1930 abgebrochenen Abtritterker an der Gartenseite; auch der Treppenturm vor der Fassade des Mitteltraktes mit geschweifter Haube und offener Laterne ist typisch für ältere Renaissancebauten.

Das Herrenhaus ist im Besitz der Gemeinde und für öffentliche Zwecke und private Feiern nach Anmeldung zugänglich.

Anfahrt
Von Kiel B 502, in Schönkirchen auf die L 50, Richtung Schönberg bis Probsteierhagen, Abfahrt rechts am Ortseingang

ÖPNV
Schnellbus der VKP Linie 102 Kiel–Laboe
⇢ **www.vkp.de**

Übernachtung und Restaurant
Strandhotel Seeblick in Heikendorf, Restaurant Il Sapore im Ort

Events
Führungen, Tagungen, Feiern, Hochzeiten, Märkte

Kontakt
FD-Consulting Frank Duffner
Schlossstraße 16
24253 Probsteierhagen
Tel: 04348 | 91888
⇢ **www.schloss-hagen.de**

Hasselburg – Burg bei den Haselsträuchern

Das alte Dernathsche Gut befand sich Anfang der 1980er-Jahre im wirtschaftlichen Niedergang, als zwei Ereignisse eintraten, die seine Perspektiven vollkommen veränderten. Zum einen wurde der engere Hof – ohne die landwirtschaftlichen Flächen – von zwei musikbegeisterten Familien gepachtet, wodurch es plötzlich eine reale Überlebenschance für die im Verfall befindliche riesige Scheune gab – als Konzertscheune nämlich, zum anderen kam es kurze Zeit später zur Gründung des Schleswig-Holstein Musik Festivals, das Hasselburg mit seinem „ländlichen Konzerthaus" zu einem zentralen Punkt seiner Veranstaltungen im Lande machte. Mittlerweile ist das gesamte Hasselburg unter den Fittichen der Stahlberg-Stiftung, die das einmalige Kulturdenkmal in erlesenster Weise saniert und aufwertet.

Die curia Hasselborch, die „Burg bei den Haselnusssträuchern", wird 1433 im Lübecker Zehntregister zum ersten Mal genannt. In dieser Zeit wird das vormalige Lehngut schon zusammen mit dem benachbarten Gut Sierhagen im Besitz der Familie von Buchwaldt erwähnt. Es ist aber sicher wesentlich älter und geht vielleicht schon auf die deutsche Ostkolonisation um 1200 zurück, deren beeindruckendes Denkmal die nahe gelegene Kirche von Altenkrempe ist. 1486 verkauft Detlef von Buchwaldt auf Hasselburg die Hälfte des Süseler Sees mit der darin liegenden Burgstelle, die heute „Süseler Schanze" genannt wird. Im Laufe des 16. und 17. Jahrhunderts wechselt das Gut mehrfach seine adligen Besitzer, wobei es häufig zur Verbindung mit Sierhagen kam. 1566 bis 1647 gehörte es den Rantzaus.

Die erste bildliche Darstellung des Herrenhauses findet sich unter den zahlreichen Herrensitzen der Rantzaus auf den Randleisten der Stammtafel der Familie von 1586, die auf Veranlassung des großen Humanisten und Statthalters Heinrich Rantzaus gemalt wurde und die sich heute im Herrenhaus Krengerup auf Fünen befindet. Die A(RX) HASELBORCHIA des Hans Rantzau († 1588) war ein Doppelhaus mit mittig davorstehendem Treppenturm.

Reichsgräfliche Hofanlage

Die überlieferte Gestalt der Hofanlage prägte die Familie von Dernath, die das Gut durch vier Generationen von 1666 bis 1816 besaß. Die Familie stammte aus Holland und schrieb sich ursprünglich van der Nath. Sie wurde 1655 in den Reichsgrafenstand erhoben. Gerhard I., Kursächsischer Feldmarschall, Geheimer und Kriegsrat, später Falkenmeister am Kursächsischen Hof, heiratete dort die Hofmeisterin Christine von Ahlefeld und nahm anschließend seinen Sitz auf Sierhagen, das er 1666 erworben hatte. Bei der Erbteilung nach seinem Tode 1689 fiel Hasselburg, das damals zu Sierhagen gehörte, an den Sohn Gerhard II. (1668–1740). Dieser hatte die militärische Laufbahn am Gottorfer Hof eingeschlagen. Er brachte es zum Geheimen Rat und Generalleutnant. 1706 trat er in die vormundschaftliche Regierung für den Sohn des im Nordischen Krieg gefallenen Herzogs Friedrich IV. ein, in der er eine führende Rolle spielte. Er ließ sich in Schleswig, vermutlich durch den Hamburger Baumeister Johann Nikolaus Kuhn, ein Palais im modernen französischen Stil erbauen und das alte Herrenhaus in Hasselburg aufwendig modernisieren.

Bedeutende künstlerische Ausstattung

Seinem hohen Rang entsprechend stattete er es, ähnlich wie in dem Schleswiger Palais, mit einer repräsentativen Treppenhalle aus. Für deren künstlerische Ausgestaltung ließ er sich möglicherweise durch die Grafen Schönborn anregen, zu denen er über den jungen Damian Hugo Graf Schönborn, den späteren Erbauer von Schloss Bruchsal, in freundschaftliche Beziehung trat, als dieser von 1708 bis 1712 kaiserlicher Gesandter in Hamburg war. Als Maler verpflichtete er 1718 den Piemontesen Johann Gottfried Simola.

Die Schaukelpolitik der vormundschaftlichen Regenten zwischen den beiden nordischen Großmächten Dänemark und Schweden endete mit der Einnahme Schleswigs durch die Dänen (1713). Gerhard von Dernath fiel in Ungnade und Hasselburg geriet zeitweilig unter dänische Zwangsverwaltung. Seine hohe Verschuldung führte zum Vermögensverfall, aus dem Hasselburg jedoch 1730 gerettet wurde. Aber erst der Enkel Friedrich Otto (1735–1805), er war Geheimer Rat, Kammerherr am dänischen Hof und Landrat, konnte nach Übernahme Hasselburgs 1759 den Wirtschaftshof großzügig ausbauen und 1763 mit dem Torhaus vollenden. Hierfür und für Umbauten im Herrenhaus gewann er den Eutiner Hofbaumeister Georg Greggenhofer (1719–1779).

Auch der letzte männliche Spross des Geschlechts, Magnus (1765–1828), war engagiert in der großen Politik als dänischer Gesandter in Stockholm, später in anderen europäischen Residenzen. Lange verfolgte er das Ziel, schwedischer Reichskanzler zu werden. Für die Verwaltung seines Besitzes fand er keine Zeit. Seine einzige Bauleistung auf Hasselburg war unmittelbar nach Übernahme des Gutes die klassizistische Überformung des Herrenhauses, die Sophie Gräfin Reventlow auf ihrer Skizze von 1822 zeigt. Die Gutsbeschreibung von 1816 nennt ein Ensemble von insgesamt 17 Gebäuden auf dem Hofgelände, dazu zahlreiche Gärten. Die meisten Gebäude existieren nicht mehr – bis auf einen geschlossenen Kern, der diese Anlage nach wie vor zu einer der bedeutendsten im holsteinischen Raum macht.

Neuer Glanz in alten Mauern

1816 geriet Hasselburg zusammen mit dänischen Gütern Dernaths unter den Hammer. Damit endete seine historische Glanzzeit, die erst in den letzten Jahren durch die vielfältigen kulturellen Aktivitäten der Pächter und der neuen Eigentümer frisch aufpoliert wird.

Das Herrenhaus ist in Privatbesitz und für die Öffentlichkeit nicht zugänglich. In der Scheune finden regelmäßig Konzerte statt.

Anfahrt
Von Lübeck auf der A 1, Abfahrt Altenkrempe, B 501, direkt hinter dem Ort links abbiegen

ÖPNV
Von Neustadt Buslinie 5801 Richtung Schönwalde, Haltestelle Hasselburg Bahnhof

Übernachtung und Restaurant
Gästezimmer und Ferienwohnungen im Torhaus

Events
Konzerte, Musicals, Rundflüge, Ausstellungen

Kontakt
Kultur Gut Hasselburg
Allee 4
23730 Altenkrempe
Tel: 04561 | 5281966
→ **www.hasselburg.de**

Hoyerswort – die Warft des Stallers

Die Gründung des vornehmsten der wenigen adligen Güter an der Westküste Schleswig-Holsteins datiert auf das Jahr 1564. Der künftige Staller (Statthalter) der Landschaft Eiderstedt und herzogliche Rat Caspar Hoyer (1540–1594) erhielt in diesem Jahr von seinem Herrn, dem Gottorfer Herzog Adolf, ein 700 Hektar großes Anwesen im Eiderstedter Kirchspiel Oldensworth geschenkt. Hoyers Vorfahren sollen aus der Grafschaft Hoya stammen, sein Vater, Lange Harm Hoyer, war Heerführer des Herzogs und späteren dänischen Königs Friedrich I. gewesen, wurde geadelt und mit einer natürlichen Tochter dieses Herrschers verheiratet. Caspar Hoyer studierte Jura in Kopenhagen und an mehreren deutschen Universitäten, trat 1563 erst in den Dienst des Königs Christian III., kurze Zeit später seines jüngsten Bruders Adolf, für den er ein überaus erfolgreicher Verwalter der Dreilande Utholm, Everschop und Eiderstedt wurde. In Tönning, dem Haupthafen von Eiderstedt, ließ er für den baulustigen Herzog ein phantasievolles Schlösschen errichten.

Hoyer gab dem stattlichen Besitz, der 1587 mit den Privilegien eines adeligen Gutes ausgestattet wurde, seinen Namen. Kurz nach der Ernennung zum Staller 1578 begann er mit dem Bau eines stattlichen Herrensitzes, der vermutlich in zwei Bauphasen gegen 1590 vollendet wurde. Noch zu seinen Lebzeiten wurde der Kernbau vergrößert und ein erster kurzer Flügel angebaut.

Misswirtschaft einer religiösen Schwärmerin

Im Stalleramt folgte ihm sein Sohn Hermann nach. Er heiratete 1599 Anna Ovens, Tochter aus reichem Eiderstedter Bauerngeschlecht, die später als mystische Schwärmerin und Dichterin bekannt wurde. 1603 übersiedelte das Paar ins Tönninger Schloss. Nach Hermanns Tod 1622 kehrte die Witwe zurück nach Hoyerswort, doch ihre Misswirtschaft ließ das Gut verfallen und es musste verpfändet werden. Zunächst von der Herzoginwitwe Augusta übernommen, wurde es 1647 durch Herzog Friedrich III. an Joachim Danckwerth übertragen, einen Bruder des Chronisten Caspar Danckwerth. 1713 nahm auf Hoyerswort König Friedrich IV. nach dem Fall der Festung Tönning die Kapitulation des Generals Magnus Stenbock entgegen. Nach 1732 wechselten die Besitzer des Gutes mehrfach durch Konkurs, bis es 1771 von Boy Hamkens erworben wurde, dessen Nachfahren es bis 2010 bewirtschafteten.

Herrenhof und Haubarg

In idealtypischer Weise für Eiderstedt liegt der Stallerhof auf einer in etwa quadratischen Insel, daneben ein Gartenquartier und eine weitere Garteninsel, beide von einem doppelten Grabensystem umgeben, das im 16. Jahrhundert noch eine gewisse Schutzfunktion ausüben konnte, verstärkt durch den damals einzigen Zugang über eine Zugbrücke. Sie wurde im vorigen Jahrhundert durch einen festen Damm ersetzt. Herrenhaus und ein 1704 hierher versetzter Haubarg als Wirtschaftsgebäude stehen in durchaus ungewohnter Weise direkt nebeneinander, der Ehrenhof liegt unmittelbar hinter der Auffahrt, eng begrenzt vor dem herrschaftlichen Wohnhaus. Fast weitläufig erstrecken sich auf der Südseite die Gärten, ehemals barock unterteilt, heute landschaftlich umgestaltet.

Das Herrenhaus erscheint als zweigeschossiger geschlämmter Backsteinbau in derben Renaissanceformen, weiß mit steilen roten Dächern über L-förmigem Grundriss. Das Vorderhaus, als ältesten Teil einen typischen „Saalgeschossbau“ über Gewölbekeller bergend, um 1590 nach Norden erweitert, zeigt an den Schmalseiten im Norden und Süden mehrfach gestufte Schweifgiebel mit Firstschornsteinen. Umlaufend teilen einfach profilierte Gurtgesimse die Geschosse. Die nach Osten gerichtete Eingangsfront ist asymmetrisch gestaltet, linkerhand ein polygonaler Treppenturm (mit 1960 rekonstruierter „welscher Haube“) vorgesetzt, zur Mitte hin angefügt ein erkerartiger Ausbau mit abgeschlepptem Dach – beide im Mauerverband mit dem Kernbau. Die früh veränderte nördliche Hälfte der Ostfassade wird heute durch vier (ehemals drei) Fensterachsen gegliedert; in der zweiten Achse von Norden sitzt das heutige Hauptportal, eine rundbogige Öffnung aus Werksteinen, flankiert von zwei schlanken Pilastern; im gesprengten Giebel befindet sich eine Wappenkartusche mit Knorpelwerk und Maske, die wohl um 1640/50 hinzugefügt wurde. Die Angabe ANNO 1757 auf einem Relieffries zwischen Portalgebälk und Giebel dürften sich auf Veränderungen innerhalb des Hauses beziehen, etwa auf die Unterteilung des großen *Südzimmers*, dessen einheitlich mit Masken, Blumen und Vögeln um 1640/50 stuckierte Balkendecke erhalten ist.

Ein zierliches Halbsäulenportal mit wappengeschmücktem Dreieckgiebel an der Südwand datiert den rückwärtigen Flügel auf 1594, mit einer Inschrift, die Caspar und Anna Hoyer gewidmet ist. Es führt in den über beide Geschosse reichenden ehemaligen *Tanzsaal* mit Empore auf reich beschnitzten Konsolen, der vermutlich um 1625 von Anna Ovens zur Kapelle umfunktioniert wurde. Jenseits des Saales lag die Küche: Der mächtige, besteigbare Kamin mit darüberliegender Räucherkammer wurde wiederhergestellt, die angrenzenden Wohn- und Wirtschaftsräume sind gegenwärtig als Ferienwohnungen in Nutzung.

Das Haus steht heute mit einer Anzahl der historischen Räume als Restaurant offen, im Tanzsaal stellt der heutige Besitzer der Hofanlage, Alfred Jordy, Töpferware und Fliesenbilder nach alten Vorbildern her. Kulturelle Veranstaltungen bereichern das Programm.

Anfahrt
Von Husum auf die B 5, an der Fischräucherei „Zum Rauchfang" rechts ab auf die L 36

ÖPNV
Regionalbahn Husum–Tönning, Haltepunkt Harblek

Übernachtung und Restaurant
Hotels und Restaurants in Tönning, Café im Haus

Events
Führungen durch den Hausherrn im historischen Kostüm, Konzerte, Vernissagen, Lesungen, Feiern

Kontakt
Alfred Jordy
25870 Oldenswort
Tel: 04864 | 2039838
→ **www.hoyerswort.de**

Schloss vor Husum – herzogliche Residenz an der Nordsee

Die Marcellusflut von 1362, die „Grote Mandränke“, wie sie auch genannt wurde, schuf, neben allem Unheil, das sie anrichtete, landeinwärts dringend die Voraussetzung für die Entstehung eines Hafens im Tal der Husumer Au, der von seegehenden Schiffen angelaufen werden konnte, als Ersatz für das damals oder schon vorher untergegangene Rungholt. So konnte sich Husum aus zwei kleinen Geestdörfern zum Umschlagplatz für den Handel mit Ostfriesland und den Niederlanden entwickeln, im 16./17. Jahrhundert stark gefördert durch die Gottorfer Herzöge, allen voran Herzog Adolf, der den Hafenplatz, der noch nicht einmal Stadtrecht hatte, zu seiner wichtigsten Residenz an der Westküste machte. Nordfriesland mit Eiderstedt und dem nördlichen Teil der 1559 unterworfenen Bauernrepublik Dithmarschen bildete den größten zusammenhängenden Gottorfer Besitz, der zudem in hoher wirtschaftlicher Blüte stand.

Von holländischem Bautrupp errichtet

Der baufreudige Herzog errichtete 1577–1582 „vor Husum“, also außerhalb der Siedlung, an der Stelle des erst 1494 gegründeten und 1527 im Zuge der Reformationsbewegung aufgelösten Franziskanerklosters, ein außerordentlich prächtiges Renaissanceschloss, das offensichtlich vom gleichen holländischen Bautrupp hergestellt wurde, wie unmittelbar vorher das Schloss zu Reinbek. Beide weisen das gleiche typische Formenrepertoire auf, vor allem die sog. „Speklagen“, durchlaufende Sandsteinbänder in Höhe der Fenstersohlbänke, Kämpfer und Stürze, dazu Fensterkreuze und Rahmen aus dem gleichen Material, die den leuchtend-roten Backsteinfassaden ein lebhaftes, helles Raster aufprägen.

Das dreiflügelige Schloss verzichtete auf jegliche Befestigung, bis auf den Wassergraben, der es mit allen Nebengebäuden und den Hausgärten an Süd- und Ostseite umfasste und es nur über eine Zugbrücke vor dem zentral angeordneten Torhaus zugänglich machte – eher eine Herrschaftsgeste, die das Volk auf Abstand zum Fürsten halten sollte. Heute hat der Bau vieles von seinem ursprünglichen Dekor verloren. Das Stichwerk des königlich-dänischen Generalbaumeisters Laurids de Thurah „Den danske Vitruvius“ von 1749 gibt uns jedoch eine präzise Vorstellung des originalen, in strenger Symmetrie errichteten Bauwerks: Die Seitenflügel sind dreigeschossig erhöht und tragen phantasievolle Schweifgiebel. In den beiden Gebäudeecken stehen achteckige Treppentürme mit Zwiebelhauben. Vier hoch ausgezogene Schornsteine mit Laternen und Zierhauben ergänzen die Türme zu einer überaus malerisch-bewegten Silhouette, die in dem stattlichen Mittelturm kulminiert. Dessen mächtige, kupferbeschlagene Spitze war 1792 beseitigt worden und wurde 1980 nach dem „Vitruvius“ rekonstruiert, das vorher arg ramponierte Schloss wurde insgesamt in seinem Zustand von 1752 wiederhergestellt.

Witwensitz und Leibgedinge

Die ersten Gottorfer Herzöge bewohnten das Schloss häufiger, nach 1613 diente es bis zum Ende des Jahrhunderts als Witwensitz, der mit reichem Kunstbesitz ausgestattet war. Herzog Johann Adolf (1575–1616) übereignete Husum seiner Gemahlin Augusta, einer Schwester König Christians IV. von Dänemark, die hier bis zu ihrem Tode 1639 Hof hielt. Ihre Schwiegertochter Maria Elisabeth übernahm das Schloss als Leibgedinge und bewohnte es als Witwe von 1659 bis 1684. Danach stand es lange leer und kam nach dem Ende des Großen Nordischen Krieges 1720 mit dem schleswigschen Teil des Herzogtums an die dänische Krone. Dem Schicksal vieler herzoglicher Schlösser, dem Abbruch, entging es mit seinem Umbau zum Sitz des königlichen Amtmanns 1751/52, der eben den Verlust seines Renaissancecharakters zur Folge hatte.

Erhalten als Sitz des Amtmannes

Die geschlossene Hofumbauung mit eingeschossigen Wirtschaftsgebäuden, die erst lange nach dem Tode Herzog Adolfs 1586 im ersten Viertel des 17. Jahrhunderts vollendet wurde, ist im Norden und Süden noch vorhanden, das zierliche Torhaus von 1584/89 mit dem Westflügel, in den es eingebunden war, verfiel 1752 dem Abbruch.

Geblieben sind dem Schloss im Inneren fünf prachtvolle Kamine aus einer Neuausstattung der Räume in den Jahren 1614–1616, darunter drei von dem Kieler Bildhauer Henni Heidtrider, Hauptbeispiele des nordischen Manierismus. Ein vierter, der bedeutendste, ist der „Todeskampfkamin“. Er wurde schon 1919 an das Kaiser-Friedrich-Museum in Berlin, das heutige Bode-Museum, abgegeben. Eine Kopie befindet sich seit 1992 am ursprünglichen Ort im Rittersaal des Husumer Schlosses. Die Kamine aus Sandstein haben vorzügliche figurenreiche Alabasterreliefs nach niederländischen Stichvorlagen, dazu vollfigurige Statuetten, Putten, Wappen, Fruchtbündel, das Ganze in lebhafter Bemalung und Vergoldung, die 1977/78 freigelegt und restauriert wurden.

Der gleichen Zeit entstammt das einzige, relativ unverändert gebliebene Gebäude der Schlossanlage, das 1612 in Formen der späten Renaissance errichtete *Torhaus*, das sog. Cornils'sche Haus, an der südlich vorbeiführenden Schlossstraße, ein reich mit vielteiligen Schweifgiebeln geschmücktes zweigeschossiges Traufenhaus, weiß geschlemmt mit rotem Pfannendach und rustiziertem Doppelsäulenportal.

Die Krokusblüte

Eine einzigartige Zierde des weitläufigen Landschaftsparks um das Schloss herum ist die alljährliche, seine gesamt Fläche als farbiger Teppich überdeckende Krokusblüte im Frühling, der Legende nach auf einzelne Pflanzen aus der Zeit des Klostergartens zurückgehend.

Das Schloss vor Husum ist als Kulturzentrum und Museum für die Öffentlichkeit zugänglich.

Anfahrt
Von Hamburg auf der A 23 und B 5

ÖPNV
DB Hamburg–Westerland

Übernachtung und Restaurant
Hotels und Gaststätten direkt im Umfeld, Café im Haus

Events
Besichtigungen, Konzerte, Ausstellungen, Heiraten

Kontakt
Museum Schloss vor Husum
König-Friedrich V-Allee
25813 Husum
Tel: 04841 | 8973130 oder 2545
→ **www.museumsverbund-nordfriesland.de**

Jersbek – vom Bauernhof zur Hofgesellschaft

Im Gebiet des Oberlaufes der Alster, die heute vor allem mit ihrer seenartigen Erweiterung das Hamburger Stadtbild prägt, im Mittelalter jedoch auch weit ins Land hinein schiffbar war, lag damals ein Dorf Yrekesbeke. Es gehörte in diesen fernen Zeiten unterschiedlichen Besitzern: 1310 dem Ritter Marquard Katteskroch, bald darauf dem Landesherrn, dem Grafen Gerhard III. von Holstein-Schauenburg, der es nach kurzer Zeit an das Nonnenkloster Harvestehude weiterveräußerte. Im 15. Jahrhundert finden wir es im großen Verband des alten adligen Gutes Borstel, das bis ins folgende Jahrhundert in der Hand der mächtigen Familie von Hummersbüttel war und im Jahre 1588 12 000 Hektar umfasste. Die Hummersbüttel hatten einen Ruf als wüstes Raubrittergeschlecht. Heute leben sie nur noch im Namen des Hamburger Stadtteils Hummelsbüttel fort. Ihre Nachfolger auf Borstel waren die eng mit ihnen verwandten Buchwaldt, damals Bokwold genannt.

Als 1587 Jasper von Bokwold, Herr auf Borstel und Sierhagen, starb, gab es Streit unter seinen Söhnen. Nach alter Sitte musste das Los über die Aufteilung des riesigen Besitzes entscheiden. Einer der Brüder, Hans von Bokwold, erhielt Jersbek, das von Borstel abgetrennt wurde. Unter diesem, der sich jetzt erstmals „von Buchwaldt" nannte, entstand 1588/89 die erste Hofanlage. Buchwaldt, herzoglicher Rat, starb 1610 vermutlich eines unnatürlichen Todes. Von seinen fünf unmündigen Söhnen, erhielt, wiederum durch Losentscheid, Jasper von Buchwaldt 1617 den Hof Jersbek. Jasper ließ das nachweislich erste Herrenhaus errichten, vielleicht den von seinem Vater angefangenen Bau vollenden, ein damals eigentlich schon unmodernes Fachwerk-Doppelhaus, das heute noch steht, wenn auch stark verändert. Die Buchwaldts hielten Jersbek bis 1726. Die letzte aus dieser Linie, Anna Margarete von Buchwaldt, hatte in zweiter Ehe den prachtliebenden Benedikt (Bendix) von Ahlefeldt (1679–1757) aus dem Hause Seestermühe geheiratet.

Bendix von Ahlefeldts „fürstlicher" Barockgarten

Bendix übernahm nach dem Tode seines Schwiegervaters 1726 das Gut als alleiniger Erbe. Sein Vater, Hans Hinrich von Ahlefeldt, hatte Herrenhaus und einen bemerkenswerten Garten in der Seestermüher Elbmarsch geschaffen, der Sohn sollte ihn mit seinem Garten in Jersbek weit übertreffen. Bendix reüssierte als holsteinischer Landrat, Konferenzrat und Mitglied des schleswig-holsteinischen Landgerichts. 1732 wurde er Propst des adeligen Klosters Uetersen und ließ hier 1748/49 durch den Baumeister Jasper Carstens eine neue Klosterkirche im spätbarocken Stil errichten.

Schon um 1726 gab es erste Planungen für einen weit in die Landschaft ausgreifenden Garten, der in den nächsten beiden Jahrzehnten Gestalt annahm. Dieser, schon vor seiner Fertigstellung zu Recht als „fürstlich" bezeichnete Barockgarten, ist in mehreren großen Kupferstichen überliefert. Sie zeigen die klassische französische Dreiteilung in Parterre, Bosketts und Waldquartier, daneben ausgedehnte Flächen mit Nutzgärten und Obstquartieren und ausgehend von einem im Eingangsbereich errichteten Lustschlösschen, einer Maison de plaisance, die 1738 ebenfalls von Jasper Carstens errichtet wurde. Im gleichen Jahr war die von Bendix Ahlefeldt mit erheblichen Geldmitteln geförderte und europäischen Rang genießende Hamburger Oper geschlossen worden. Das Jersbeker Lusthaus diente in den folgenden Jahren als Ersatz, ebenso für Feste, Theater- und Konzertaufführungen.

Charakteristisch für den Jersbeker Garten waren die noch heute erhaltenen mächtigen Lindenalleen, die Hauptallee vierreihig, ein Motiv, das ebenfalls bis heute den Seestermüher Garten des Vaters bestimmt, und damals Kulisse war für ein wahrhaft höfisches Leben. Über die schnurgerade heranführende Jersbeker Allee gelangte (und gelangt noch heute) der Reisende aus Hamburg auf das Linden-Rondell vor dem Torhaus des Gutes und dem Eingang zum Garten. Dessen zentrale Allee verläuft über 500 m zum nahe gelegenen Waldquartier und hierin als breite Schneise weitere 1700 m bis in eine angenommene Unendlichkeit. Kurz vor dem Ende des Waldweges, der die Hauptachse eines Systems von Jagdschneisen bildete, stand ein Obelisk als Point de vue. 1744 besuchte der baufreudige Kurfürst und Erzbischof von Köln, Clemens August, Jersbek mit dem weitgehend vollendeten Garten. Mag sein, dass er die Idee des Jagdgartens beförderte, war doch zur gleichen Zeit sein Jagdschloss Clemenswerth mit dem weitläufigen Jagdstern im Bau.

Bendix Ahlefeldt hinterließ, entgegen allen bisherigen Darstellungen, trotz seiner Leidenschaft für Kunst, Theater, Oper, Garten- und Architekturschöpfungen, bei seinem Tode 1757 den Erben nur eine geringe Schuldenlast. Doch Sohn und Enkel ruinierten das Gut innerhalb von wenigen Jahren, sodass es 1774 hoch verschuldet verkauft werden musste. Neuer Besitzer wurde der Hamburger Kaufmann Paschen von Cossel, unter dem Teile der Gutsländereien parzelliert und an Erbpächter abgegeben wurden. Voraussetzung dazu war die ab 1785 vorgenommene Aufhebung der Leibeigenschaft.

Im 19. Jahrhundert Reventlowscher Besitz

1819 wurde Jersbek an Karl Ludwig Thierry veräußert. Der prachtvolle Garten verfiel, 1820/21 wurde das große Lusthaus am Eingang des Gartens abgebrochen. 1840 kaufte Theodor von Reventlow das Gut, unter ihm kam es zu einer Modernisierung des Gartens im Landschaftsstil bei Erhaltung der barocken Alleestrukturen. Das alte Herrenhaus wurde umgebaut und erweitert. Herrenhof und Garten sind im Eigentum der Reventlows geblieben und im Erbgang auf die Familie von Bethmann Hollweg übergegangen.

Das Haus ist für die Öffentlichkeit nicht zugänglich, frei zu betreten ist jedoch der Park.

Anfahrt
Von Hamburg auf der Bramfelder Straße bis Bargteheide, dort auf die Jersbeker Straße links abbiegen

ÖPNV
Von Hamburg mit der Buslinie 8111 bis Haltepunkt Jersbek Barockgarten
⇢ **www.hvv.de**

Übernachtung und Restaurant
Hotels und Gaststätten in Bargteheide, vor Ort die historische Gaststätte Zum Fasanenhof

Events
Das Herrenhaus ist in Privatbesitz und nicht zu besichtigen, der Park ist öffentlich zugänglich, neben dem Park liegt ein Golfplatz

Kontakt
Förderverein Jersbeker Park e.V.
Allee 16
22941 Jersbek
Tel: 04532 | 4045-0
⇢ **www.jersbeker-park.de**

Knoop – ein hochmittelalterlicher Burgplatz

Der niederdeutsche Name dieses Gutes wird auf den „Knopf“ oder „Buckel“ als Geländebezeichnung zurückgeführt. 1344, nach anderer Lesart bereits 1322, ist ein Ritter Lupus, also Wolf oder Wulf, de Knope bezeugt. Die Wulf waren gleichen Stammes wie die Herren von Pogwisch und von der Wisch und gehörten zu den frühesten Siedlern in dem damals menschenleeren Landstrich zwischen Schlei und Eider, nachdem die dänische Königin Mechthild ihn 1260 an die Holsteiner Grafen verpfändet hatte. Der Ortsname ging, wie so häufig, später auf das besitzende Geschlecht über. Ob es weiterhin auf der Gründungsburg saß, ist ungewiss. Genannt wird 1356 Albert von der Wisch als Herr auf Knoop, dann erst wieder 1511 Otto Rantzau. Doch man nimmt an, dass bereits sein Großvater Schack Rantzau, Feldmarschall des dänischen Königs und Eroberer der Insel Fehmarn, um 1400 hier Fuß fasste.

Seinem Sohn und Nachfolger Christoph gehörten außer Knoop die benachbarten Höfe Bülk, Seekamp und Schinkel. Als Amtmann von Tondern und Rendsburg und später königlicher Rat wird er vielleicht den Vorgängerbau des heutigen Herrenhauses errichtet haben, eine stattliche Wasserburg mit zwei Geschossen, Ecktürmen und Treppengiebeln. 1613 endete die Rantzausche Zeit und Knoop ging in den folgenden 110 Jahren durch viele Hände, bis es 1723 an die Grafen Baudissin kam.

Die Zeit der Baudissins

1776 übernahm Heinrich Friedrich von Baudissin nach Heirat mit Caroline, der ältesten Tochter des dänischen Schatzkanzlers Heinrich Carl Schimmelmann, das Gut und gestaltete es mit den reichen Mitteln aus dieser Verbindung vollkommen um. Sein Baumeister war anfangs der in Schimmelmanns Diensten stehende Carl Gottlob Horn. Er plante zunächst, 1782/83, einen Umbau der alten Wasserburg, begann aber mit einer Erneuerung des Wirtschaftshofes. Bauliche Überlieferung dieser großzügigen Planung sind die beiden Kavaliershäuser an der westlichen Hofzufahrt, deren Gegenstücke im Osten allerdings nicht verwirklicht wurden. Eine ganz wesentliche Leitlinie dieser Erneuerungsarbeiten bildete der 1783 fertiggestellte Schleswig-Holstein-Kanal, der seitdem das Erscheinungsbild des Gutes prägte und in zahlreichen Ansichten des 19. Jahrhunderts wiedergegeben ist.

Mit dem Neubau des Herrenhauses wurde in den 1790er-Jahren der junge dänische Architekt Axel Bundsen betraut, der den Rantzau-Bau abbrechen und einen Teil des Hausgrabens zuschütten ließ, um das neue Gebäude in die Querachse des Hofes an das Kanalufer zu stellen. Nach langwierigem Planungsprozess stand der Rohbau 1798, der Innenausbau zog sich bis 1800 hin. Wesentlichen Anteil an der anspruchsvollen künstlerischen Ausgestaltung hatten der Maler Giuseppe Anselmo Pellicia und der Stuckateur Francesco Antonio Tadei, die beide zuvor in Emkendorf für Baudissins Schwager Fritz Reventlow tätig gewesen waren (s. Emkendorf). Die Gartengestaltung blieb in den Händen von Horn, der das Umfeld des Herrenhauses in einen weitläufigen Landschaftspark umwandelte. Wie Emkendorf war auch Knoop um 1800 ein geistiges Zentrum im ländlichen Schleswig-Holstein und wohl aufgeklärter als jenes.

Finanzielle Schwierigkeiten der Baudissins im späteren 19. Jahrhundert führten 1869 zum Verkauf des Gutes. 1903 übernahm es der Fabrikant Gerhard Friedrich Hirschfeld, dessen Nachkommen noch heute Eigentümer sind. Die bedeutende Ausstattung des Hauses ist nur zum Teil erhalten, das kostbare Mobiliar ging in der Besatzungszeit nach dem Zweiten Weltkrieg verloren.

„Dieses schöne Gut mit seinem Parck bildet eine der reizendsten Gegenden Holsteins und muß jedem Freunde der Natur und Kunst von großem Werthe seyn. Das in einem sehr edlen Styl erbaute Herrenhaus des Eigenthümers, Grafen Baudissin, diese einladenden Gebüsche, Rasenplätze und Ruhesitze, diese reingehaltnen Promenaden im Schatten ehrwürdiger Buchen, besonders der Kanalseite, Obstgärten mit edlen Früchten, der spiegelgleiche Teich mit seinen stolzen Schwänen, alles ist ein liebliches Bild eines, dem Besizzer zu beneidenden Glücks. Der schönste Schmuck dieses Gartens aber bleibt immer der holsteinische Kanal. Denn welche Überraschung, wenn in der Einsamkeit ländlicher Stille sich den Blicken eine Menge von Schiffen darstellt, die gleichsam mitten auf dem Lande zu schweben scheinen“ (Skizzen einer Reise nach Holstein ... im Sommer 1817).

Das in reinem Klassizismus ausgewogen gestaltete *Herrenhaus* ist mit seinem Gartensaal ursprünglich auf den Schleswig-Holstein-Kanal ausgerichtet gewesen, der damals dichter am Gebäude vorbeiführte. Der heutige Nord-Ostsee-Kanal hält einen nur wenig weiteren Abstand. Zur Hofseite beherrscht den langgestreckten zweigeschossigen Putzbau mit flach geneigtem Walmdach und sparsamer Sandsteingliederung ein kolossaler übergiebelter Säulenportikus. Ihm entspricht an der Gartenseite ein durch kannelierte Pilaster gegliederter Mittelrisalit. An dieser Seite liegen en suite die schönsten, in ihrer originalen wandfesten Ausstattung – Stuckaturen, Malereien, Spiegel, Tapeten und Gemälde – erhaltenen Räume, die ein wenig vom Glanz der Schimmelmann-Baudissinschen Zeit in die Gegenwart vermitteln.

Das Herrenhaus ist in Privatbesitz, Führungen sind nach vorheriger Anmeldung möglich, regelmäßig finden Lesungen und Konzerte statt.

Anfahrt
Auf der B 503 über den Nord-Ostsee-Kanal, in Holtenau rechts abbiegen auf die Knooper Landstraße, das Gut liegt direkt am Kanal

ÖPNV
Buslinie 900 von Kiel Hbf nach Altenholz

Übernachtung und Restaurant
Hotels und Gaststätten in Holtenau

Events
Besichtigung nach Voranmeldung, Konzerte, Lesungen, Heiraten, Feiern, Reitunterricht

Kontakt
Gutsverwaltung Knoop
Knooper Landstraße
24161 Altenholz
Tel: 0431 | 3649648
→ **www.gut-knoop.de**

Louisenlund – Sommersitz des Landgrafen

Am Südwestufer der inneren Schlei, die sich hier seenartig zur „Großen Breite“ erweitert, liegt inmitten eines freimaurerisch inspirierten Waldparks das alte Landgut des Prinzen Carl von Hessen, der um die Wende zum 19. Jahrhundert lange Jahre auf dem nicht weit entfernten Schloss Gottorf als Statthalter des dänischen Königs residierte.

Im Mittelalter lag an der Stelle des Wirtschaftshofes vermutlich eine Ziegelei, auf die der spätere Name „tom Tegelhoff“ schließen lässt. Besitzer des nachmaligen Gutes waren im 16. Jahrhundert drei Brüder aus dem Geschlecht Sehestedt. 1563 wurde es an Herzog Adolf von Gottorf verkauft und diente einige Zeit der herzoglichen Hofhaltung als Vorwerk. Nach 1647 der Familie des gottorfischen Oberhofmarschalls Ernst Christoph von Günderoth überlassen, fiel es nach dem Tode der letzten Familienangehörigen 1727 an den dänischen König, der sich nach dem für ihn erfolgreich beendeten Großen Nordischen Krieg (1721) der Schleswiger Anteile des Herzogtums bemächtigt hatte.

Ein Opfer höfischer Intrigen

Landgraf Carl von Hessen (1744–1836) hatte schon in jungen Jahren Karriere am dänischen Königshof gemacht, war mit 20 bereits Generalmajor und vermählte sich zwei Jahre darauf, 1766, mit der Prinzessin Louise, der Schwester König Christians VII. Die Gunst des Monarchen machte ihn zum Vorsitzenden des Obersten Kriegsrates, Staatsminister und Vizekönig von Norwegen. Hofintrigen veranlassten ihn jedoch schon kurze Zeit später, von allen Ämtern zurückzutreten und mit Einverständnis des Königs die Statthalterschaft in den Herzogtümern als Nachfolger des Grafen Ludwig von Dehn (s. bei Ludwigsburg) anzutreten. Seine lange Dienstzeit von 1767 bis zu seinem Tode 1836 gab dem alten herzoglichen Schloss Gottorf einen letzten Abglanz früherer Residenzzeiten zurück.

Als Sommersitz schenkte der König seiner Schwester den Ziegelhof an der Schlei. Hier ließ das landgräfliche Paar durch den aus Kassel gebürtigen späteren Landbaumeister Johann Hermann von Motz ein vergleichsweise schlichtes Wohnhaus errichten. Louise war die Namensgeberin. Für die Anlage eines weitläufigen Parks wurde der vorher auf Damp und Schierensee tätig gewesene Johann Caspar Bechstedt gewonnen. In der Abgeschiedenheit des ländlichen Anwesens ging der Landgraf seinen freimaurerischen, später bisweilen spiritistischen Neigungen nach, die in Verbindung mit dem als Gast auf Louisenlund weilenden Grafen von St. Germain skurrile Züge annehmen konnten. Der Graf soll sich im Gewölbekeller des 1918 abgebrochenen Freimaurerturms der alchemistischen Herstellung von Gold gewidmet haben – letztlich vergeblich.

1790 wurde in dieser ländlichen Idylle die Vermählung des Thronfolgers und nachmaligen Königs Frederik VI. mit der Tochter des Landgrafenpaares Marie Sophie Friederike von Hessen gefeiert. Vermutlich noch in den 1790er-Jahren wurde das spätbarocke Wohnhaus durch Motz bedeutend vergrößert und nördlich ein lang gestreckter Orangerieflügel angefügt. Spätere Umbauten durch Joseph Eduard Mose haben das Bild nur unbedeutend verändert. Nach wie vor wird das Gut in wesentlichen Zügen durch die landgräfliche Epoche geprägt, auch wenn nicht zu übersehen ist, dass mittlerweile zahlreiche Neubauten seinen ursprünglichen Charakter verändert haben.

Übergang an die Glücksburger Linie

Louisenlund ging nach dem Tode des Landgrafenpaares 1831 bzw. 1836 über die jüngste Tochter Louise Caroline von Hessen im Erbgang an das Haus Schleswig-Holstein-Sonderburg-Beck, aus dem die heutige, jüngere Glücksburger Linie hervorgegangen ist. Das Gut wird seit 1948 in großzügiger Weise als Internat genutzt.

Im heutigen sog. *Schloss* steckt der Ursprungsbau der 70er-Jahre des 18. Jahrhunderts, ein eingeschossiger Backsteinbau von elf Achsen mit zweigeschossigem übergiebeltem Mittelrisalit und durchfenstertem Mansarddach. Er wurde vor 1794 um die Höhe des Mansardgeschosses aufgestockt, durch zweiachsige Seitenrisalite vergrößert und erhielt ein neues, höheres Satteldach mit Krüppelwalmen. Das Gebäude ist heute verputzt und weiß gestrichen, schlichte breite Freitreppen führen auf beiden Langseiten des Gebäudes ins Innere. Der von Doppelsäulen getragene Balkon am Mittelrisalit der Gartenseite ist eine Zutat der Jahrhundertwende. Der vielteilige Anbau an der nördlichen Schmalseite birgt die ehemalige Orangerie mit Mittelpavillon.

Von dem in geometrischen Formen angelegten Kernbereich des Bechstedtschen *Gartens* um das Landhaus herum ist zur Schlei hin ein regelmäßiges Rasenparterre mit Wegekreuz erhalten bzw. wiederhergestellt. Im Zentrum der von Buchshecken gefassten Wege steht auf sandsteinernem Säulenstumpf eine Sonnenuhr in Form einer Armillarsphäre, als Kopie des Originals von J. C. Jürgensen aus Schleswig, angefertigt 1794 als Geschenk der Residenzstadt zum 50. Geburtstag des Landgrafen.

Die im weiteren Umfeld liegenden Parkbereiche weisen Reste der freimaurerischen Ausstattung des späten 18. Jahrhunderts auf: nordwestlich des Schlosses die zugewachsenen und verschütteten Trümmer des ehemaligen Freimaurerturmes, der um 1780 errichtet wurde. Über einem kreisrunden Feldsteinsockel erhoben sich drei Stockwerke in einer Scheinarchitektur aus verbretterten Holzgerüsten mit Putzbewurf. Ein monumentales ägyptisierendes *Portal* vom Turm aus sandsteinernen Halbsäulen mit Lotuskapitellen und Sturzbalken ist heute an einem der Nebengebäude vermauert.

Louisenlund ist ein privates Internat und für die Öffentlichkeit begrenzt, im Rahmen von Veranstaltungen, zugänglich.

Anfahrt
Von Eckernförde auf der B 76 Richtung Schleswig, in Fleckeby rechts ab Louisenlunder Weg

ÖPNV
Buslinie 4810 von Eckernförde, ZOB, Richtung Schleswig, Haltepunkt Güby-Ahrensberg

Übernachtung und Restaurant
Stadt Eckernförde

Events
Louisenlund ist Internat und damit eigeschränkt zugänglich. Konzerte, Lesungen, Tagungen finden regelmäßig statt. Führungen im Freimaurerpark nach Voranmeldung

Kontakt
Sekretariat
Louisenlund 9
24357 Güby
Tel: 04354 | 999-301
→ **www.louisenlund.de**

Ludwigsburg – Sitz des Statthalters

Weit über die Ostsee leuchtet das steile, rote Mansarddach des barocken Herrenhauses von Ludwigsburg mitten in der von alten adeligen Gütern geprägten Landschaft Schwansen nordöstlich des Ostseebades Eckernförde. Hier hauste um die Mitte des 18. Jahrhunderts inmitten von über 40 Bediensteten der unverheiratete Friedrich Ludwig von Dehn, Diplomat in dänischen Diensten, ab 1762 bis zu seinem Tode 1771 Statthalter des dänischen Königs in den Herzogtümern Schleswig und Holstein. Er hatte nach dem Erwerb des Besitzes 1729 sofort ein neues anspruchsvolleres Haus mit Ehrenhof und imposantem halbrunden Marstall errichten lassen – mehr ein Landschloss als ein gutstypisches Herrenhaus. Seine Residenz war jedoch das alte Gottorfer Schloss. Außerdem stand ihm in Kopenhagen seit 1756 ein prachtvolles Stadtpalais zur Verfügung.

Als mächtiger dreigeschossiger Backsteinbau mit schwerem Mansarddach liegt das Ludwigsburger Herrenhaus mit seinem aus großen Granitquadern errichteten Kellersockel in breitem Wassergraben, zugänglich über einen gemauerten Damm, der im 19. Jahrhundert eine Bogenbrücke ersetzte. Sandsteinlagen im Erdgeschossmauerwerk sind eine Reminiszenz an den Vorgängerbau, dessen Material weitgehend wieder verwendet wurde. Aus der Nähe erst offenbart sich die feine Oberflächenstruktur der Fassaden, die in den Obergeschossen an der Eingangsseite eine flach aufgelegte barocke Pilasterordnung zeigt. Kaum mehr als Relief sind auch die übergiebelten Mittelrisalite an Hof- und Gartenseite mit rustizierten Erdgeschossen und schlichten sandsteinernen Säulenportalen.

Lehngut des Bischofs von Schleswig

Das Gut hatte bis 1768 Kohöved geheißen. An den historischen Namen erinnert heute noch die Kobek, der kleine Bach, der um das Gutsareal zu einer größtenteils noch vorhandenen Wehranlage von doppelten Wassergräben aufgestaut ist. Im hohen Mittelalter und noch um 1400 soll die „curia Cohovetia“ der Überlieferung nach Lehngut des Bischofs von Schleswig gewesen sein, dem damals ein großer Teil der Halbinsel Schwansen gehörte. 1396 wird Sievert Sehestedt auf Kohöved genannt, in dessen Eigentum der Hof später überging. Der letzte Besitzer aus diesem heute lange ausgestorbenen Geschlecht, das zum schleswig-holsteinischen Uradel zählte, war Melchior Sehestedt. Er starb 1564 ohne Nachkommen. Mit seiner Schwester Beate, die Paul Rantzau von Bothkamp geehelicht hatte, ging Kohöved für ein Jahrhundert an die damals bedeutendste Familie in den Herzogtümern über.

1672 kaufte Friedrich Christian von Kielmannsegg, Sohn des Gottorfischen Kanzlers Kielmann von Kielmannseck, Kohöved. Seine Hinterlassenschaft ist die berühmte „Bunte Kammer“ im Herrenhaus, die er 1673 als anspruchsvollen Gesellschaftsraum durch eine anonyme Künstlerwerkstatt herstellen ließ. Sie wurde von Dehn in den Neubau des 18. Jahrhunderts übernommen. Mit ihrem wandhohen Getäfel aus 145 Ölbildern auf Eichenholz ist die Bunte Kammer ohne Vergleich im Lande. 25 weitere Tafeln aus dem ursprünglichen Gesamtbestand befinden sich in der Bibliothek im Obergeschoss. Ohne ein festes Programm dokumentieren die Darstellungen, die auf die zeitgenössische europäische Emblemliteratur zurückgehen, eindringlich, wenn auch stets verklausuliert, die geistigen und politischen Ambitionen ihres Initiators Kielmannsegg. Die Bildüberschriften sind in den wichtigsten europäischen Sprachen der damaligen Zeit abgefasst. Auch die Themen der Bilder sprengen den regionalen Rahmen. Nur eine kleine Schicht von Gebildeten war damals in der Lage, ihren rätselhaften Inhalt zu deuten.

Räume aus dem 18. Jahrhundert

Das Innere des Hauses birgt aus dem 18. Jahrhundert noch zahlreiche Räume und Appartements, die qualitätvoll mit Kaminen, Boiserien, bemalten Leinwandbespannungen und Tapeten ausgestattet sind. Von dem früheren Reichtum an Gemälden zeugen u. a. etliche Supraporten mit ländlichen Szenerien und zwei große Staatsgemälde im Festsaal des Obergeschosses. Die zentrale *Eingangshalle* ist holzgetäfelt mit einer Gliederung durch wandhohe korinthische Pilaster und mit Öländer Platten ausgelegt, ebenso der in der Mittelachse in holländischer Manier anschließende *Gartenflur*. Linker Hand liegen Räume, die schon immer dem täglichen Wohnen dienten. Zur Rechten betritt man das durch alle Geschosse reichende *Treppenhaus* mit Régence-Balustrade. Im ersten Obergeschoss, dem ‚piano nobile', befinden sich die Räume, die repräsentativen Anlässen vorbehalten waren. Vom Treppenhaus gelangt man auf der Hofseite unmittelbar in den ehemaligen *Speisesaal*, der heute eine durch Restauratoren freigelegte Tapete aus der Mitte des 19. Jahrhunderts mit dramatischen Szenen aus den französischen Kolonialkriegen in Nordafrika zeigt. Der auf der Gartenseite folgende *Festsaal* trägt frühklassizistische Boiserien aus der Zeit um 1780, weiß mit sparsamer Vergoldung, deren schlichte Gliederung aus Füllungsfeldern und rahmenden Doppelpilastern in reizvollem Gegensatz zu älteren Rokoko-Schnitzereien an den verspiegelten Kaminrisaliten steht. Zwei lebensgroße ganzfigurige Porträts des habsburgischen Kaisers Karl VI. († 1740) und seiner Gemahlin Elisabeth Christine, Eltern von Maria Theresia, in prachtvoll geschnitzten Régencerahmen ergänzen das Bild.

Das Herrenhaus ist in Privatbesitz und wird für Feiern und kulturelle Veranstaltungen geöffnet, Führungen sind nach Voranmeldung möglich.

Anfahrt
Von Eckernförde auf der Waabser Chaussee, L 26

ÖPNV
Buslinie 3010 Eckernförde, ZOB, nach Waabs

Übernachtung und Restaurant
Hotels in Eckernförde, Ferienwohnungen und Hof Café vor Ort

Events
Reiterferien, Kutschfahrten, Heiraten, Feiern, Konzerte

Kontakt
Gutsverwaltung
24369 Waabs
Tel: 04358 | 98818
www.gut-ludwigsburg.de

Nehmten – von der Wasserburg zum Herrenhaus

Dem direkt am Ufer des Großen Plöner Sees gelegenen Gut kann man sich auf eine Weise nähern, die an frühere Jahrhunderte denken lässt: von Dersau entlang des Seeufers durch Feld und Wald, an der einsam gelegenen Försterei vorbei, steht man unvermutet am Hofplatz, blickt auf Herrenhaus, Scheunen und den weitläufigen Park, der in einer im Barock gepflanzten und immer wieder freigeschnittenen Sichtachse über den See und auch eine entfernt gelegene Halbinsel, ausgehend vom zentralen Gartenportal des Herrenhauses das Bild des exakt sieben Kilometer entfernten Plöner Schlosses aufscheinen lässt. Ursprünglich soll ein Hügel hinter dem Herrenhaus den Blick versperrt haben, bis ein früherer Besitzer ihn in mühevoller Arbeit mit 20 Ochsenfuhrwerken in mehreren Jahren abgetragen habe.

Viele wechselnde Besitzer

Als Adelssitz ist Nehmten seit dem 13. Jahrhundert bekannt. Aus jener Zeit haben sich Spuren einer Wasserburg, Burghügel und Grabenreste in einer Niederung südlich des Gutshofes erhalten. Erste Besitzer waren die Ritter von Godow, die sich nach dem früher zu Nehmten gehörigen Dorf Godau nannten, später, im 14. Jahrhundert, offenbar nach Nehmten selbst, das wohl aus einem slawischen Dorf hervorgegangen ist. In der Folge wechselten die Besitzer oft, Ende des 15. Jahrhunderts kommen die Sehestedts, ihnen folgen die Ahlefeldts, Rantzaus, von der Wisch und Blomes. Vermutlich war es Jasper Blome auf Seedorf und Hornsdorf († 1597), der im späten 16. Jahrhundert den Hof etwa an die heutige Stelle verlegte. Er bestand aus dem Herrenhaus, zwei Stallgebäuden und einem Torhaus innerhalb einer Einfriedung mit Palisaden. Diese Baulichkeiten, dargestellt auf dem Braun-Hogenberg-Stich von Plön und Umgebung aus dem Jahre 1593, gingen 1659 im so genannten Polackenkrieg zugrunde, als polnische Truppen Nehmten niederbrannten und den Gutsherren Heinrich von Thienen ermordeten.

Eine berühmte Besitzerin von Nehmten war zwischen 1694 und 1710 Maria Aurora Gräfin von Königsmarck (1662–1728), in den 1690er-Jahren Maitresse Augusts des Starken von Sachsen und Mutter des Marschalls Moritz von Sachsen. Sie wird im Übrigen kaum je auf dem damals noch zerstörten Hof Nehmten geweilt haben und veräußerte ihn 1710 an den Fürstlich Eutinischen Amtsverwalter Johann Adolph Vogeler. Dieser baute den Hof an der heutigen Stelle neu auf. Die Scheune und das 1831 erneuerte Kuhhaus von 1712 gehen auf ihn zurück, ebenso der Kern des heutigen Herrenhauses, begonnen nach 1722. Ein 1714 errichtetes Torhaus wurde 1826 abgebrochen, um der jetzigen weiträumigeren Lösung mit winkelförmigen Kopfbauten Platz zu machen.

Gut dokumentierte Umgestaltung

Das heute bestehende Gut Nehmten wurde vor allem von Gabriel Friedrich Schreiber von Cronstern und seinen Söhnen Gabriel und Ludwig in der Zeit zwischen 1768 und 1823 geprägt. Bemerkenswert sind die hinterlassenen umfangreichen Aufzeichnungen der Brüder und die von hoher künstlerischer Begabung zeugenden Zeichnungen und Aquarelle Ludwigs, aus denen man ein genaues Bild der damaligen Veränderungen gewinnen kann. Auf den älteren Cronstern gehen die überkommene Gestaltung des Hofplatzes und die Anlage des großen Gartens hinter dem Herrenhaus zurück. Dieser wurde zunächst im formalen französischen Stil gestaltet, mit der genannten Blickachse vom Mittelpunkt des Herrenhauses, dem Gartenportal, auf das Plöner Schloss, die eine 400 m lange Allee einfasste. Zu dieser notierte Gabriel: *„Unstreitig ist die vor allem in die Augen fallende Anlage, die Aussicht vom Wohnhause nach dem Ploener Schloß. Man sollte glauben, daß diese Ansicht immer dagewesen, ja daß sie die Veranlaßung gegeben habe, das Wohnhaus gerade auf diesen Fleck zu bauen … Dem ist aber nicht so, es ist bloßer Zufall.“*

Cronstern modernisierte den Gutsbetrieb, baute das Herrenhaus um und errichtete zahlreiche Neubauten. Er verbesserte das Land, entwässerte die Wiesen und legte umfangreiche Neupflanzungen an, wovon noch viele über zweihundertjährige Baumveteranen im Landschaftsbild des Gutes zeugen.

Der früh verstorbene Ludwig († 1823) führte die Arbeiten nach gewandelten Stilvorstellungen fort. Er veränderte den Garten im englischen Landschaftsstil, wobei er die Allee zugunsten eines freieren Durchblicks beseitigte. Darüber berichtet Gabriel: *„… die Lindenallee wurde nach und nach zu groß und drohte allmählig die Aussicht … zu überwachsen. Um dies zu verhindern, mußte sie alljährlich mit viel Mühe ausgehauen werden, … wodurch die Aussicht etwas Steifes erhielt. Dieser Übelstand brachte mich auf den Gedanken, die Allee wegzunehmen und stattdessen eine freie Aussicht zu machen … Mein Bruder theilte meine Ansicht und entwarf eine Zeichnung von der Aussicht nach Wegnahme der Allee. Sie ist das Vorbild geworden, wonach ich gestrebt.“*

Bei seinen Maßnahmen zur Verschönerung der Gutsländereien stellte Ludwig interessanterweise den vorgefundenen und den geplanten Zustand mithilfe einer Camera obscura dar.

Ein letzter Umbau des Herrenhauses erfolgte 1840–1856 im spätklassizistischen Stil, möglicherweise unter Berücksichtigung von Plänen des hannoverschen Hofarchitekten Georg Friedrich Ludwig Laves, der 1839 einen Planungsauftrag erhalten hatte.

Durch Heirat kam das Gut nach 1869 an Carl Baron von Scheel-Plessen, den ersten preußischen Oberpräsidenten der Provinz Schleswig-Holstein. In der Familie von Plessen ist es bis heute, wenngleich verpachtet, geblieben, in jüngerer Zeit im Erbgang auf die Familie von Fürstenberg übergegangen.

Das Herrenhaus ist an ein Privatunternehmen verpachtet, Haus, Hof und Park sind für die Öffentlichkeit nicht zugänglich.

Anfahrt
Von Plön auf der B 430 über Ascheberg, nach Dersau auf der L 68, hinter dem Ort links ab Richtung Nehmten

ÖPNV
Von Plön Linie 361 bis Abfahrt Nehmten
→ **www.hvv.de**

Übernachtung und Restaurant
Im benachbarten Dersau

Events
Heiraten, Feiern, Empfänge

Kontakt
Gutsverwaltung
Tel: 04526 | 242
→ **www.gut-nehmten.de**

Panker – ein slawischer Herrensitz

Das mittelalterliche Pankuren scheint ein slawischer Häuptlingssitz gewesen zu sein. Es erscheint 1433 im Lübecker Zehntregister. Der Ort war aber als Lehngut vermutlich schon vor 1400 und dann bis 1739 im Besitz der Herren von Rantzau. Als erster wird Breide Rantzau zwischen 1360 und 1398 genannt, ihm folgte sein berühmter Sohn Schack Rantzau († 1445), Feldherr des dänischen Königs Erich von Pommern, der sich durch die Eroberung Fehmarns im Jahre 1420 einen Namen gemacht hatte und umfangreichen Güterbesitz im Ostholsteinischen sein Eigen nannte. Ende des 16. Jahrhunderts kam es zu Streitigkeiten innerhalb der Familie, weil es keinen direkten Nachkommen gab, mit dem Ergebnis, dass Panker in die Linie Putlos gelangte. 1590 wurde das adlige Gut Klamp erworben, das mit einer kurzen Unterbrechung bis in die jüngere Vergangenheit mit Panker vereinigt blieb.

Die Herrschaft Hessenstein

Der letzte Rantzau auf Panker, Hans Rantzau († 1740) verkaufte den gesamten Besitz an König Friedrich I. von Schweden, der zugleich regierender Landgraf von Hessen-Kassel war († 1751). Friedrich, kinderlos verheiratet mit Ulrike Eleonore von Schweden, wollte den Söhnen der ihm morganatisch angetrauten Hofdame Hedwig Ulrika Taube, „la belle colombe“ (später zur Gräfin erhoben), mit dem Kauf eines größeren Landsitzes die Zukunft sichern. In Holstein konnte er nach Panker und Klamp 1741 auch noch Schmoel und Hohenfelde hinzukaufen. Gräfin Taube starb 1754, für ihre noch minderjährigen Söhne wurde der Besitz geteilt, um jedoch nach dem Tod des jüngeren 1769 in der Hand des älteren endgültig vereinigt zu werden.

Dieser, Friedrich Wilhelm († 1808), vom Kaiser schon 1741 in den Grafenstand und 1772 zum Reichsfürsten erhoben, war damit Herr der seinerzeit so benannten Herrschaft Hessenstein, einem Territorium von über 5600 Hektar, zu dem außer den vier adligen Gütern die Meierhöfe Vogelsdorf, Todendorf und Friedrichshof, dazu neun Dörfer und umfangreiche Waldungen gehörten. Der Kern dieser Herrschaft besteht noch heute, seit 1808 unter den Landgrafen von Hessen-Kassel, 1928 unter der Kurhessischen, heute der Hessischen Hausstiftung, die ihren Sitz in Kronberg im Taunus hat.

Friedrich Wilhelm, der vergeblich versucht hatte, seinen schleswig-holsteinischen Besitz zu einem reichsunmittelbaren Fürstentum zu machen, pflegte dafür enge Beziehungen zu Schweden. Hier brachte er es bis zum Generalfeldmarschall, wurde Reichsrat und Generalgouverneur von Schwedisch-Vorpommern, bevor er sich 1791 endgültig in Panker niederließ.

Im Kern um 1650 errichtet

Das ältere *Herrenhaus* liegt deutlich aus der ehemaligen Hofachse gerückt zwischen dem östlich angrenzenden Landschaftspark und einem in der rückwärtigen Achse des Hauses sich erstreckenden ehemaligen Barockparterre, dessen Randalleen noch erhalten sind. Der zweigeschossige Putzbau soll im Kern um 1650 errichtet worden sein. Vermutlich um 1700 wurde er zur Dreiflügelanlage erweitert mit Walmdächern und zur Hofseite dreigeschossiger, übergiebelter Mitte. Rückseitig kamen Ende des 18. Jahrhunderts zwei turmartige, dreigeschossige Eckpavillons über knapp längsrechteckigen Grundrissen mit Walmdächern und Dachreitern hinzu. Anschläge für zwei Türme von 1794 weisen auf den Thüringer Johann August Rothe (1734–1801) als Baumeister. Rothe war vorher für Schimmelmann in Ahrensburg tätig gewesen. Der Bau in Panker ist sparsam durch Kantenrustika, Gesimse und Ohrenrahmen der kleinteiligen Sprossenfenster gegliedert.

Das stark durchgebaute Innere birgt aus der Zeit der Rantzaus eine reich bemalte Balkendecke, heute im Nordflügel eingebaut, mit Rankenwerk und Landschaftsszenerien, dazwischen Sprichwörter und in der Mitte ein großes Allianzwappen Rantzau-Buchwaldt. Detlev Rantzau († 1705), der 1695 das Gut Panker übernommen hatte, war mit Lucia von Buchwaldt vermählt gewesen. Die Decke wird zu einem Umbau des Hauses in dieser Zeit gehören.

Bester Ausblick vom „Hessenstein“

Prägend für Panker bis in die Gegenwart wurde die Bautätigkeit des Fürsten Friedrich Wilhelm um 1800. Er gab dem Herrenhaus mit den Türmen die heutige Gestalt, baute das mächtige, 17 Achsen breite spätbarocke Torhaus, Marstall und Wagenremise und legte seitlich des Wohnhauses einen intimen Landschaftsgarten an, den er um den großen Gutsteich herum entwickelte. Er befindet sich nach wie vor in vorzüglicher Pflege. Bachläufe und Brücken geben ihm eine eigene Struktur, einzige Gartenarchitektur ist der klassizistische Tempel am jenseitigen Teichufer. Später kamen auf dem Wasser eine Fontäne hinzu und auf dem Grabhügel des Fürsten ein Sandsteinobelisk zu seinem Gedenken.

Seit 1841 gewährt der „Hessenstein“, ein neugotisch dekorierter backsteinerner Aussichtsturm von 17 m Höhe, auf dem nahegelegenen Pielsberg eine bezaubernden Rundblick auf Gut und Ländereien, den Selenter See und die Ostsee, bei klarem Wetter eine Fernsicht bis zu den dänischen Inseln. Der Bau war die Initialzündung für die Errichtung der Blomenburg auf der gegenüberliegenden Seite des Selenter Sees durch den mit dem Landgrafen auf Panker befreundeten Grafen Otto Blome auf Lammershagen. Er wollte den Freund übertreffen, dabei musste es gleich eine komplette Burg sein, mit Kavaliershaus, Wagenremise und Torhaus.

Das Hofgelände ist frei zugänglich, nicht dagegen das in Privatbesitz befindliche Herrenhaus.

Anfahrt
Von Lütjenburg auf der L 165 nach Panker

ÖPNV
Buslinie 311 von Lütjenburg, ZOB
⇢ **www.vkp.de**

Übernachtung und Restaurant
Hotel und Restaurant Ole Liese auf dem Gutshof, Restaurant Forsthaus Hessenstein

Events
Führungen, Konzerte, Lesungen

Kontakt
Hessische Hausstiftung
Güterverwaltung
24321 Panker
Tel: 04381 | 7071
⇢ **www.gutpanker.de**

Plön – herzogliche Residenz

Mitten im Dreißigjährigen Krieg, 1633–1636, ließ Herzog Joachim Ernst (reg. 1623–1671) auf steil zum See abfallender Endmoränenkuppe aus Anlass seiner Vermählung mit der Gottorfer Prinzessin Dorothea Augusta einen mächtigen Neubau errichten. Zuvor war nahezu die gesamte, dort befindliche mittelalterliche Burganlage abgeräumt worden. Dieser Neubau steht noch heute, mit äußerlich relativ geringen Veränderungen. Sein ursprüngliches Erscheinungsbild bestimmten Außenmauern in leuchtendem Backsteinrot, mit vermutlich sandsteinernen Fenstergewänden und gleichfalls rotem Pfannendach, dazu in reizvollem Gegensatz die kupfergrünen Dachreiter. Das Besondere dieses mächtigen, wiewohl gegenwärtig äußerst nüchternen Bauwerks offenbart sich erst auf den zweiten Blick, wenn man die Höhe erklimmt, es betritt und seine grandiose Beziehung zur umgebenden Landschaft wahrnimmt. Die Herstellung dieser Beziehung war offensichtlich ein Leitgedanke der ursprünglichen Planung.

Das breit gelagerte, dreigeschossige Bauwerk steht auf einem künstlich geschaffenen weiten Plateau und öffnet sich als dreiflügelige Anlage nach Süden zum Großen Plöner See. Der Ehrenhof des Schlosses liegt erhöht und ist über breite Auffahrtrampen zugänglich. Der tiefer gelegene Vorhof war umbaut von einem niedrigen Altangebäude, dessen flaches Dach einen ungehinderten Blick vom Schlosshof gewährleistete. Die drei übrigen Seiten des Gebäudes waren von einer weitläufigen Terrasse mit niedriger Brüstungsmauer und Eckpavillons umgeben. Vermutlich war das Dach des Altangebäudes, das sich in etwa gleicher Höhe mit dem Niveau der Terrasse befand, begehbar und sicher am Anfang des 18. Jahrhunderts mit einer umlaufenden Balustrade abgeschlossen. Der Rittersaal im zweiten Obergeschoss des Hauptflügels erstreckt sich über die gesamte Gebäudetiefe, sodass auf beiden Fensterseiten im Norden und Süden aus jeweils sieben Fenstern eine weite Aussicht ins Land gegeben war. Diese bot sich auch von den westost-gerichteten fünf kleineren Sälen in den Seitenflügeln aus.

Wie eine Krone über der Stadt

Unvergleichlich wie die Fernwirkung über den See ist die Ansicht von Nordwesten über die schnurgerade auf den Ort zulaufende Bundesstraße auf das Massiv des im Gegenlicht liegenden Schlosses, das sich mit seinen zahlreichen Giebeln und den beiden barocken Laternen als Krone über die Stadt und die hügelige Seenlandschaft der holsteinischen Schweiz erhebt. Das Erscheinungsbild vom See wurde zusätzlich geprägt durch eine Terrassenanlage am steilen Südhang des Schlossberges, die mit Wein bepflanzt war. Als Vorbild wird die Villa d'Este in Tivoli östlich von Rom genannt. Wohl der berühmteste Weinberg im Norden wurde 1745 vor dem Schloss Sanssouci auf Veranlassung Friedrichs II. angelegt.

Ein Bauwerk von den Ausmaßen des Plöner Schlosses als Stadtkrone ist in Schleswig-Holstein heute ohne Beispiel. Früher hatte es das alte Renaissanceschloss in Kiel gegeben, mit Türmen und Giebelkranz hochragend über der Bucht, die Burg auf dem ehemals sehr viel höheren Kalkfelsen in Segeberg und auch die mächtige Duburg über der Flensburger Förde. Alle drei existieren nicht mehr.

Prägend geblieben bis heute ist der mit erheblichem Aufwand betriebene Ausbau des Schlossgebietes zur Residenz nach französischem Vorbild unter dem letzten regierenden Plöner Herzog Friedrich Carl (reg. 1729–1761). Das bis dahin seit Jahren leerstehende und notdürftig erhaltene Schloss bekam eine erlesene Ausstattung, deren eindrucksvolle Reste, eine Raumfolge im zweiten Obergeschoss, in jüngster Zeit glanzvoll restauriert wurden. Die zugehörige wandfeste Ausstattung des „Weißen Saales", der sich im Anschluss an diese Raumfolge im Ostflügel befand, war in den dreißiger Jahren im Zuge des Ausbaus zur „Napola" (Nationalpolitische Lehranstalt) aus dem Schloss entfernt worden und befindet sich heute im Landesmuseum Schleswig.

Garten nach französischem Vorbild

Der westlich unterhalb des Schlosses liegende Bauhof wurde mit zahlreichen Gebäuden in anspruchsvoller, einem Fürstenhof angemessener Architektur erneuert: Orangerie, Marstall und Reithaus mit vorgelagerter Reitbahn bildeten das zentrale Ambiente zusammen mit einer dreiflügeligen Gebäudegruppe, die zur Unterbringung von Gästepferden und Personal dienen mochte. Weiterhin erstreckte sich auf der anschließenden Fläche der Anhöhe ein Régence-Garten, nach neuester Mode des großen Leitbildes Frankreich angelegt. Zentrum und Auftakt des erlesenen Gartens mit seiner grünen Architektur war die „maison de plaisance", das Lustschlösschen, das heute noch den Kern des späteren „Prinzenhauses" aus preußischer Zeit bildet. Alle Gebäude waren das Werk des bekannten Landbaumeisters Johann Gottfried Rosenberg (1709–1776), einem der besten Vertreter des heimischen Backsteinbarocks. Neben umfangreichen Bauvorhaben in Kopenhagen und im dänischen Reichsgebiet lässt sich seine hiesige Tätigkeit über Plön hinaus in Ludwigsburg, Windeby, Rundhof, Testorf, Breitenburg, Altona und Schleswig nachweisen. Die Plöner Gartenanlagen plante der Gärtner Georg Tschierske, sicher nach fest umrissenen Vorstellungen seines fürstlichen Brotherrn, der die damals aktuellen Schöpfungen auf dem Gebiet der Gartenkunst aus eigener Anschauung kannte.

Die barocke Residenz des Plöner Herzogtums war in den knapp 20 Jahren ihrer Blüte – bis zum frühen Tode Friedrich Carls – zusammen mit dem Sommersitz Traventhal, einer der kulturellen Höhepunkte des 18. Jahrhunderts in den Herzogtümern – eine kurze Sternstunde, deren eindrucksvolle Reste in den heute frisch wiederhergestellten und restaurierten Bauten und Anlagen erneuten Glanz bekommen haben.

Im Schloss befindet sich heute eine privat betriebene Akademie, in der Besichtigungen nach Voranmeldung möglich sind, ebenso Hochzeitsfeiern in der Kapelle. Der Schlosspark ist frei zugänglich.

Anfahrt
Von Kiel auf der B 76

ÖPNV
Buslinie 4330 der Autokraft GmbH
von Kiel Hbf
→ **www.kvg-kiel.de**
DB von Kiel und Lübeck

Übernachtung und Restaurant
Im benachbarten Stadtzentrum

Events
Besichtigung nach Voranmeldung,
Heiraten in der Schlosskapelle,
Schlosspark öffentlich zugänglich,
Wanderungen in der Umgebung

Kontakt
Fielmann Akademie Schloss Plön
24306 Plön
Tel: 04522 | 8010
→ **www.fielmann-akademie.com**

Pronstorf – vom Rittersitz zum Herrenhaus

Das alte Lehngut Peronisdorpe (verschiedene Schreibweisen, abgeleitet vom altpolabischen perun für „Donner, Donnergott") wird bereits 1307 als Rittersitz genannt. Vermutlich war es damals schon Buchwaldtscher Besitz, als welcher es 1367 genannt wird. 1464 verpfändete Bertram von Buchwaldt das Gut an den dänischen König Christian I., 1495 belehnte König Johann Hinrich von Alhefeldt damit. Dessen Nichte Anna von Alhefeldt heiratete wiederum einen Buchwaldt. Seitdem ist es in der Familie geblieben – bis 1887, als Adelheid Luise, geborene von Buchwaldt, nach dem Tode ihrer Mutter als letzte Buchwaldtsche Erbin Pronstorf übernahm. Sie war mit Otto Graf zu Rantzau auf Breitenburg verheiratet, so dass Pronstorf heute in Rantzauschem Eigentum ist. Nach dem Einmarsch der kaiserlichen Truppen unter Tilly und Wallenstein in Holstein 1627 war Pronstorf konfisziert worden. 1643 wurde der ganze Hof niedergebrannt, das Herrenhaus schwer beschädigt.

Bemerkenswert sind Oldekops Hinweise nicht nur auf das in der Tat „sehr anmutige Bild landschaftlicher Schönheit" Pronstorfs und die Fernsicht bis nach Lübeck, sondern auch auf die Herkunft der Pronstorfer Ländereien, sie bestünden „zum Teil aus 6 niedergelegten Hufenstellen des alten Dorfes Pronstorf" das übrige Areal sei gerodetes Waldland. Zum Gut gehörten 1908 die Meierhöfe Rösing, Diekhof, Neukoppel und Verwalterhof, das Dorf Strenglin mit Mühle und Schmiede, eine Ziegelei „zu Hartenkamp" sowie zahlreiche Einzelstellen. Die enge Symbiose mit dem Gutsdorf und der sehr alten Patronatskirche ist noch heute in Pronstorf besonders augenfällig.

Aus der Blütezeit der Herrenhausarchitektur

Das *Herrenhaus* wurde in den Jahren 1726–1728 anstelle eines Vorgängerbaus errichtet, der unweit östlich gelegen haben soll (ein Inventar von 1688 bezeugt einen Turm; den hatte auch das auf der undatierten, wohl der Mitte des 17. Jahrhunderts entstammende „Charte von dem Traven-Strohm" im Landesarchiv abgebildete Haus). Eine Dilettantenzeichnung im Gutsarchiv lässt erkennen, dass man den Neubau möglicherweise sehr viel größer geplant hatte. Der repräsentative Backsteinbreitbau liegt mit seinem Vorplatz am Ende einer über den Wirtschaftshof geführten Zufahrtsallee, die merkwürdigerweise nicht vom Torhaus, sondern von seiner Nordwestseite ausgeht. Als freistehender, allseitig durchgeformter Baukörper vor der Weite des Warder Sees, umgeben von Baumgruppen, wirkt er in großartiger Weise auf die Landschaft bezogen. Pronstorf ist ein Hauptwerk aus der Blütezeit der Herrenhausarchitektur im Lande. Die klassische Haltung in der sicheren Proportionierung und nobel bemessenen Dekoration lässt an Johann Nikolaus Kuhn oder Rudolph Matthias Dallin als Baumeister denken, doch sind die Details erheblich anders, als was wir von beiden kennen.

Zwei hohe Geschosse über einem Kellersockel sind umlaufend durch kräftig vorspringende Kolossalpilaster aus Backstein mit Sandsteinbasen und holzgeschnitzten Kompositkapitellen zusammengefasst. Die Breitfronten zum Hof und zum See gliedern dreiachsige, übergiebelte Mittel- und zweiachsige Seitenrisalite. Die Giebelflächen sind für diesen kräftig durchstrukturierten Bau allerdings erstaunlich unbelebt und scheinen mit anderem Steinmaterial, möglicherweise nachträglich, aufgemauert. Über dem straff vertikal gegliederten und mit einem hohen, geweißten Holzgesims abschließenden Baukörper lagert ein mächtiges Mansardwalmdach, dem sich kleinere Dächer der Seitenrisalite zuordnen. Zum Gesamtbild gehören auch die drei originalen, kräftig profilierten Schornsteine. Das Hauptportal im Zopfstil in der Mittelachse zum Hof aus Sandstein mit einem Balkon darüber und zweiläufiger Steintreppe davor wurde 1780 von Johann Peter Richter, Eutin, erneuert.

Innen fluchten die Räume beiderseits von Vestibül und Gartensaal in zwei Reihen. Ihre Ausstattung wurde 1806 im Stil des Klassizismus erneuert. Die Wände des *Gartensaales* tragen Tapeten mit italienischen Landschaften in einer gemalten Pilasterstellung, gemalte Götterfiguren auf hohen Postamenten in Schmalfeldern, sowie Früchte- und Blumenstillleben in Supraporten. Die Decke ist elegant stuckiert in rekonstruierter kräftiger Farbigkeit. In der zentralen Kaminnische steht ein Tischbeinofen mit Urne. Die über der Diele liegende *Bibliothek* ist gleichzeitig ausgestattet mit niedrigem Holzpaneel, Kaminrisalit mit Spiegel und Stuckmedaillons mit antiken Szenen in Wandfeldern.

Grundsätzlich weist die unregelmäßige Lage der Gebäude zueinander auf das hohe Alter der Hofanlage hin. Noch die preußische Landesaufnahme von 1877 zeichnet einen zu Dreivierteln erhaltenen Hofgraben nach, der sich auch hinter dem Herrenhaus durchzog. Auch soll es einen inneren Haugraben zwischen Herrenhof und Bauhof gegeben haben, der nach Oldekop erst 1860 zugeschüttet wurde.

Torhaus und Kuhhaus

Zwei mächtige Gebäude dominieren noch heute den Hofplatz: Vom Dorf her das massive, lang gestreckte *Torhaus* mit hohem Mansarddach im Heimatstil, 1914 errichtet. Es ist gegliedert durch Kantenrustika und hohe übergiebelte Torrisalite in der Mitte, die genutet und von flach aufgelegten Pilastern gerahmt sind. Reste des abgebrannten Vorgängerbaus von 1737/38 sollen in dem Bau wiederverwendet sein. Das Gebäude wurde in den letzten Jahren aufwendig saniert, sein Inneres einfühlsam zu einem Hotel umgebaut. Die Südostseite des Wirtschaftshofes flankiert das mächtige *Kuhhaus* mit ähnlichen Ausmaßen, ein nach zwei Bränden 1886 und 1894 neu errichtetes Langhaus von zwei Geschossen, mit zwei kurzen Seitenflügeln und flachen Satteldächern.

Das Herrenhaus befindet sich in Privatbesitz und ist für die Öffentlichkeit nicht zugänglich.

Anfahrt
Von Bad Segeberg auf der K 46, K 3 über Westerrade nach Pronstorf

ÖPNV
Buslinie 7653 von Segeberg
⇢ **www.hvv.de**

Übernachtung und Restaurant
Beides im Torhaus des Gutes

Events
Ausflüge, Tagestouren per Rad, Golf, Tagungen, Heiraten, Feste, Konzerte

Kontakt
Hotel Pronstorfer Torhaus
Gutshof 1
23820 Pronstorf
Tel: 04553 | 9959500
⇢ **www.gutpronstorf.de**

Rastorf – Dorf des Rado

Auch hier, wie an vielen Orten in Schleswig-Holstein, geht die Gründung des späteren adligen Gutes auf ein mittelalterliches Dorf zurück. Auch hier nannten sich die frühen Besitzer nach der Siedlung, die zu Anfang des 13. Jahrhunderts Radesthorpe hieß, das ist das „Dorf des Rado", slawischen Ursprungs also, noch sehr viel weiter in die Vergangenheit zurückreichend. Am Ende des gleichen Jahrhunderts heißen die Herren bereits von Rastorp, genannt werden 1285 die Brüder Marquard und Detlev „dictus de Rastorp". Sie sind wappengleich mit den Rumohr, also ein Zweig dieses Geschlechts, und bleiben bis zur Mitte des 14. Jahrhunderts auf Rastorf.

Über 650 Jahre in der Hand einer Familie

Nach ihrem Fortgang erscheinen schon die Rantzaus, ob durch Kauf oder im Erbgang, wissen wir nicht. Bald darauf wird Schack Rantzau († 1445) genannt, Herr auf zahlreichen Gütern, als Ahne einer bis in die Gegenwart fortdauernden Besitzerfolge dieser bedeutenden Familie (allerdings in unterschiedlichen Linien), die nur einmal, zwischen 1610 und 1651, durch Verkauf unterbrochen war.

So ist es nicht verwunderlich, dass die Rantzaus auf Rastorf auch immer wieder als Bauherren in Erscheinung getreten sind: im ausgehenden Mittelalter, als das erste Wohnhaus Gestalt annahm – es wurde später mehrfach erweitert und ist in Abbildungen als mächtiges Doppelhaus mit Turm und Anbau überliefert –, im frühen 18. Jahrhundert, als der Generalmajor und spätere Reichsgraf Christian Rantzau († 1729) nach einem Brand den gesamten Wirtschaftshof durch den Eutiner Hofbaumeister Rudolph Matthias Dallin (um 1670–1743) in geistvoller Weise neu schaffen ließ, und zu Beginn des 19. Jahrhunderts, als dem Grafen Carl Emil Rantzau († 1857) das 200 bis 300 Jahre alte Doppelhaus nicht mehr kommod erschien und er mit dem damals bedeutendsten Architekten in den Herzogtümern, Landbaumeister Christian Frederik Hansen (1756–1845), einen Künstler gewann, der sich radikal von der bisherigen Architektursprache abwandte. Hansen setzte auf Rastorf dem auf den Gütern verbreiteten und gerade hier mit den Dallinschen Wirtschaftsgebäuden exemplarisch manifestierten Backsteinbarock einen nüchternen, an Palladio orientierten, klassizistischen Putzbau gegenüber, der eine ganz andere, eher südländische Note auf den holsteinischen Gutshof brachte.

Hohe Ehren im Staat

Carl Emil gelangte im Gesamtstaat zu hohen Ehren, er wurde Kammerherr, Danebrogsmann, Geheimer Konferenzrat und Mitglied der Ständeversammlung. Verheiratet war er mit Emilie Gräfin Bernstorff, einer Tochter des dänischen Staatsminister Andreas Peter Bernstorff. Dem Vater des unlängst verstorbenen Eigentümers, Kuno Graf zu Rantzau aus der Breitenburger Linie, blieb es vorbehalten, Rastorf nach schweren Kriegszerstörungen mit vorbildlichem Engagement in langjähriger Arbeit wiederherzustellen. Zum Gut Rastorf, das damals 2000 Hektar umfasste, gehörte bis 1804 der Meierhof Schädtbek, der 1806 noch zum adligen Gut avancierte, bis zum Ersten Weltkrieg die Meierhöfe Hoheneichen und Wildenhorst, die Dörfer Rosenfeld und Rastorfer Passau, sowie zahlreiche Einzelstellen.

Das Rastorfer Herrenhaus ist nach den Verlusten von Perdöl (1884) und Bundhorst (1924) das letzte von C. F. Hansen entworfene und erhaltene im ostholsteinischen Raum. Es ersetzte 1803 das große Doppelhaus des 16. Jahrhunderts mit erkerflankiertem Treppenturm und einem Anbau, der ebenfalls Doppelhausform hatte. Carl Emil Rantzau hatte lange gezögert, ehe er sich zum Abbruch entschloss, angeblich musste der Turm dann gesprengt werden, so massiv sei er gewesen. Im Zweiten Weltkrieg durch eine Luftmine schwer getroffen, konnte das Hansensche Haus erst 1968 wiederhergestellt werden. Seitdem ist die östliche Seite verkürzt, die ausgewogene Symmetrie der Fassade verloren.

Rantzau-Wappen als einziger Fassadenschmuck

Im Gutsarchiv liegen die Originalpläne des Landbaumeisters, anhand derer man von dem intakten Gebäude eine gute Vorstellung gewinnt. Es wirkt auf den ersten Blick nüchtern, steil und blockhaft, Hansen wollte es niedriger und dafür mehr in die Breite gestreckt, doch Rantzau setzte sich mit seiner Vorstellung durch. Über rustiziertem Kellersockel erheben sich zwei Vollgeschosse und ein niedriges Mezzanin. Das abgeflachte, ehemals brüstungsbekrönte Walmdach ist heute schiefergedeckt. Ursprünglich trug es Hohlpfannen. Hauptmotiv der mit angedeuteten Seitenrisaliten gegliederten fünfachsigen Hoffront ist das für Hansen typische Säulenportal, das einer Tempelfront ionischer Ordnung gleicht. Der einzige zusätzliche Fassadenschmuck ist das von Löwen gehaltene und mit der Grafenkrone gezierte Rantzauwappen mit der Jahreszahl ANNO 1726 und dem Spruch SOLI DEO GLORIA über dem mittleren Obergeschossfenster. Es geht auf Christian Rantzau zurück, den ersten Grafen Rantzau auf Rastorf. Die Gartenseite des Hauses ist erheblich stärker in Fenstern aufgelöst und weist einen halbrund vortretenden Mittelrisalit auf. Sie ist dazu reicher geschmückt mit Fensterrahmungen, Verdachungen auf Konsolen sowie im Obergeschoss des Risalits pilastergerahmten Fenstertüren mit eingestellten Balustraden – alles typische Motive an Hansen-Bauten.

Im Inneren dominiert die originale Raumfolge Vestibül mit wandhohen dorischen Säulen, Figurennischen und Supraporten, anschließend der ovale Gartensaal mit den seitlich durch weitere Säulenstellungen zugänglichen Herrenzimmer und Speisezimmer mit dezentem Deckenstuck.

Hof und Herrenhaus befinden sich in Privatbesitz und sind für die Öffentlichkeit nicht zugänglich.

Anfahrt
Von Kiel auf der B 76, in Schwentinental auf die B 202, hinter der Schwentinebrücke rechts ab auf den Rastorfer Weg

ÖPNV
Keine Verbindung

Übernachtung und Restaurant
In der Stadt Preetz

Events
Wanderungen, Radwanderungen in der Umgebung

Kontakt
Privatbesitz, für Besucher nicht zugänglich
Gutsverwaltung Rastorf
Tel: 04307 | 6828

Reinbek – Jagdschloss der Herzöge

Dort wo heute das Schloss in offener Parklandschaft am Tal des Flüsschens Bille liegt, das hier zum Mühlenteich aufgestaut ist, lag im Mittelalter ein Zisterzienserinnenkloster. Um 1250 gegründet, wurde es in der beginnenden Reformation 1529 aufgelöst und fünf Jahre später während der „Grafenfehde" zwischen Lübeck und Dänemark eingeäschert, allein die Klosterkirche überdauerte noch Jahrzehnte. Wir haben, bis auf ergrabene Fundamente von Nebengebäuden und damit seinen ungefähren Standort, keinerlei Vorstellung von diesem Kloster. An seiner Stelle ließ Herzog Adolf von Gottorf in den Jahren 1571 bis 1576 durch holländische Bauleute ein Jagdschloss errichten. Schon vorher hatte er das mächtige Stadtschloss in Kiel neu bauen und sein Stammschloss Gottorf umfangreich erneuern lassen. Beide Häuser waren befestigt, in Kiel in den städtischen Mauerring einbezogen, Gottorf auf einer mit Festungswällen gesicherten Insel. Hier in Reinbek, in der südlichsten Exklave der herzoglichen Gebiete, zwischen den mächtigen Handelsstädten Hamburg und Lübeck, ließ der Herzog ein modernes, unbefestigtes und frei zugängliches Gebäude errichten, das erkennbar französischen Vorbildern folgte. Genannt wird Villandry, eines der Loire-Schlösser.

Kleinod der Renaissancearchitektur

Wohl war die dreiseitige Anlage ursprünglich noch durch eine Hofmauer mit mittlerer Einfahrt von der Außenwelt getrennt, doch dahinter empfingen luftige, gewölbte Arkaden an Nord- und Hauptflügel den Besucher. Sie werden getragen von zierlichen Sandsteinsäulen mit toskanischen Kapitellen, darüber verlaufen originale Korridore unter dem mit beschnitzten Sparren abgeschleppten Hauptdach. In dem zur Bille gerichteten Südflügel, der die fürstlichen Wohn- und Repräsentationsräume enthielt, verzichtete man auf Arkaden und Flure. Ein abschließender Querbau, in dem die Schlosskapelle eingerichtet wurde, und der ursprünglich einzige Treppenturm im Winkel zum Ostflügel zeichnen ihn als den Hauptflügel aus. Der Treppenturm ist in den Arkadengang eingebunden, darüber erhebt er sich im Sechseck mit zweigeschossigem Laternenhelm, der 1707 in originaler Form erneuert wurde.

Die Asymmetrie des Bauwerks ist für ein Renaissanceschloss durchaus ungewöhnlich und lässt sich nur aus seiner Funktion erklären. Auf repräsentativen Anspruch wurde hier nicht in dem Maße Wert gelegt, wie bei anderen Schlössern des Herzogs. Entscheidend war eine großzügige Commodité, die man für zwanglose Jagdaufenthalte benötigte. Burgstube und Räume für Gäste waren großzügig bemessen, im Nordflügel lag die ehemals gewölbte, geräumige Küche, die über den Arkadengang auf kurzem Wege zugänglich war. Die äußere Gestaltung ist sparsam, unter Verzicht auf ornamentalen Schmuck, aber ausgesprochen dekorativ nach neuester holländischer Manier des ausgehenden 16. Jahrhunderts, wie sie damals im Norden Verbreitung fand: Der leuchtend rote Backstein ist mit hellen Sandsteinbändern durchzogen, die die ebenfalls aus Sandstein gefertigten Kreuzstockfenster in Höhe von Sohlbank, Kämpfer und Sturz in ein regelmäßiges Streifenmuster einbinden, dabei das Band in Höhe der Sohlbank des Obergeschosses als profiliertes, geschossteilendes Gesims ausbildend. Vertikale Akzente setzten wandhohe Abtrittpfeiler, von denen sich nur ein gekuppeltes Rundpfeilerpaar an der westlichen Stirnwand des Südflügels erhalten hat.

Leibgedinge und Witwensitz

Nach Adolfs Tod 1586 wurde das Schloss selten genutztes Leibgedinge seiner Frau, der Herzogin Christine von Hessen, die ihn knapp zwanzig Jahre überlebte, danach der Augusta von Dänemark, Witwe seines Nachfolgers Johann Adolf († 1616). Auch sie überlebte ihren Mann um zwanzig Jahre. Obwohl sie ihren Hauptsitz in Husum nahm, ließ sie Reinbek 1620/21 weiter großzügig modernisieren. Vor allem kamen unter ihr zwei Treppentürme an der Südseite hinzu (von denen einer noch steht), sie ließ die Schlosskapelle einrichten und daran einen auf Arkaden ruhenden Erker als Kabinett und Belvedere fügen. Das Innere des Schlosses wurde mit farbenfroher Ausmalung der Wände und Decken versehen.

Die originalen Eichenbalkendecken in holländischer Manier auf ionischen und korinthischen Flachkonsolen, mit Tochterbalken in den Feldern, kamen erst während der durchgreifenden Sanierung 1977–1986 unter Abkleidungen wieder zum Vorschein. Ihre variationsreiche farbige Fassung mit Beschlag- und Schweifwerk geht auf die Erneuerung unter Augusta zurück. Nur Spuren blieben von einer Wandbemalung mit Draperien.

Die Haupträume befanden sich im Südflügel: im Erdgeschoss die vom Hof zugängliche große Burgstube, anschließend im westlichen Kopfbau die Schlosskapelle, die 1904 ausgeräumt wurde. Im Obergeschoss lag das herzogliche Appartement mit dem Trabantensaal östlich, nur durch diesen zugänglich der große Audienzsaal, der das ganze Geschoss weitgehend ausfüllte. Er wurde ursprünglich mit einem offenen Kamin in der südlichen Längswand beheizt – so gut es ging, sehr warm wird es bei der Anzahl der großen Fenster nicht geworden sein. Im Kopfbau schließlich lagen Vor- und Schlafzimmer, nach 1620 im südlichen Anbau das schon genannte Kabinett.

Überleben konnte das Reinbeker Schloss als Amtshaus im 18. und 19. Jahrhundert, nach 1874 als Schulbau – deformiert und verbaut, als Renaissancebau kaum mehr zu erkennen. Als solcher ist es nach umfassender Sanierung wieder zu einem architektonischen Kleinod geworden.

Das Schloss befindet sich im Besitz der Gemeinde und dient als Veranstaltungs- und Tagungsort. Führungen sind nach Voranmeldung möglich.

Anfahrt
Von Hamburg auf der B 5 Richtung Lohbrügge, von dort über Reinbeker Redder und Hamburger Straße ins Zentrum von Reinbek

ÖPNV
Zahlreiche Verbindungen Bahn DB und S-Bahn von Hamburg
→ **www.hvv.de**

Übernachtung und Restaurant
Im benachbarten Zentrum von Reinbek, Café-Restaurant im Schloss

Events
Führungen, Tagungen, Konzerte, Lesungen, Ausstellungen

Kontakt
Verwaltung
Schlossstraße 5
21465 Reinbek
Tel: 040 | 7273460
→ **www.schloss-reinbek.org**

Roest – Vereinnahmung des ganzen Ortes

1231 wird Røst im Erdbuch des Dänenkönigs Waldemar als Teil des Kronlandes Gyælting (Gelting) genannt. Die Herkunft des Namens ist unklar. Im späteren 13. Jahrhundert gehörte es schon nicht mehr dem König, sondern dem Ritter Johann Laurenz Abildgaard und seiner Schwester Eddele. Sie gaben dem Kirchherrn in Kappeln Hölzung, Äcker und Lansten (Bauern), dazu einen Heringszaun in der Schlei. 1357 beurkundet der Ritter Otto Lembek, dass er Ländereien der Geschwister widerrechtlich in Besitz gehabt habe. 1451 wird der Ritter Otto Split auf Roest genannt, sein Sohn Siegfried verkaufte das Gut 1498 an Schack Rumohr, in dessen Familie es fast 300 Jahre, bis 1797, verbleiben sollte.

Schon damals, Ende des 15. Jahrhunderts, gehörten zahlreiche Ortschaften und Höfe zu Roest. Schack Rumohr fiel in der Schlacht von Hemmingstedt gegen die Dithmarscher 1500. Sein einziger Sohn Henneke erweiterte den Besitz um das Gut Düttebüll und erwarb die Anwartschaft auf Rundhof mit dem Meierhof Drült, indem er die dortige Erbin Eibe Sehestedt heiratete. 1533 erhielt er durch fragwürdige Machenschaften weitgehende Rechte auf den Kirchort Kappeln. Sein Sohn Asmus Rumohr setzte diese rücksichtslose Politik konsequent fort bis zur praktischen Vereinnahmung des ganzen Ortes.

Auch sonst vermehrte Asmus seinen Besitz noch um das Gut Ohrfeld; 1585 fielen ihm auch Rundhof und Drült zu. Dermaßen zu Wohlstand gekommen, entschloss er sich spät in seinem Leben, auf Roest ein neues Herrenhaus zu bauen, das in seinem Todesjahr 1590 vollendet wurde. Ob er es noch bewohnt hat, wissen wir nicht. Bei der Erbauseinandersetzung seiner vier Söhne am Montag nach Palmarum 1593 in der Kappeler Kirche fiel das Los für Roest auf den drittältesten Sohn, Cai Rumohr. Er wurde Stammvater der Roester Linie.

Stammgut der Rumohrs

Dessen Sohn Heinrich, vermählt mit Ida Brockdorff, vergrößerte 1641 das Herrenhaus für die gemeinsame Schar von 14 Kindern um den östlichen Flügel. Ob als Pendant zu diesem ein westlicher Flügel geplant war, bleibt Spekulation. Heinrich war ein typischer Vertreter des damaligen Landadels, streng gläubig und großzügig mäzenatisch der Institution Kirche gegenüber, zugleich gewalttätig gegen seine Untergebenen und gegen einfache Bürger. So fanden auf Roest 1632 und 1641 Hexenprozesse statt, die stets mit der Verurteilung zur Verbrennung auf dem Scheiterhaufen endeten. Der Kappeler Kirche stiftete er den 1641 fertiggestellten Altar Hans Gudewerdts d. J.

Heinrichs Sohn, der dänische General Detlev Rumohr, wurde zwar durch eine Sammlung der Kappeler Bürger aus türkischer Gefangenschaft befreit, dankte es ihnen jedoch schlecht, als er sie kurz danach in die Leibeigenschaft zwingen wollte und den Huldigungseid von ihnen verlangte. Sie weigerten sich, und mit Billigung des Herzogs wanderten 67 Familien aus und gründeten auf einer Insel in der Schlei den Ort Arnis, heute die kleinste Stadt Deutschlands. Detlev Rumohr fiel als Gouverneur der Insel Rügen 1678 durch eine Kanonenkugel. Da er ohne Leibeserben war, folgte ihm sein Bruder Cai, dem außer den Stammgütern Roest, Toestorf und Hohenlieth auch Satrupholm und Hanerau sowie drei große Güter in Sachsen gehörten. Obwohl sich Cai überwiegend in Sachsen und kaum je in Roest aufhielt, ließ er für seinen Bruder Detlev das imposante Grabmal in der Kirche zu Kappeln fertigen, mit der Liegefigur des Generals, die tödliche Kugel auf seinem Leib haltend, umgeben von allegorischen Gestalten und bekrönt von einer Inschrifttafel, die seinen Ruhm kundtat. Das Epitaph in niederländischem Hochbarock wird der Werkstatt oder dem Umkreis von Artus Quellinus d. J. zugeschrieben.

Im 18. Jahrhundert, „ein Jahrhundert der stillen Beschaulichkeit" (Henning v. Rumohr) auf Roest, wurde der umfangreiche Besitz um weitere Güter vermehrt. Hinzu kamen zunächst Buckhagen und Priesholz, später Dollrott und Lindewitt. Der letzte Rumohr auf Roest, Hans Adolf, setzte sich mit dem Neubau der Kappeler Kirche, 1789–1793 durch den Landbaumeister Johann Adam Richter, ein bleibendes Denkmal.

Aufhebung der Leibeigenschaft

1797 verkaufte Hans Adolf Rumohr Roest an den Schwiegervater des künftigen Königs Frederik VI., den Landgrafen Carl von Hessen, der als Statthalter in den Herzogtümern auf Schloss Gottorf residierte. Ihm gehörte schon Louisenlund, später kamen Gereby (Carlsburg) und Buckhagen hinzu. Auf Roest wurde 1799 ein Teil des Hoffeldes parzelliert und veräußert, bald danach die Leibeigenschaft aufgehoben. Die fünf seit 1498 gutseigenen Dörfer Stutebüll, Grimsnis, Grummark, Mehlby und Kastelby (heute Kappelholz) erhielten ihre Selbstständigkeit.

1807 wurde Kappeln für 62000 Reichstaler zunächst an den König verkauft. Nach dem Tode des Landgrafen 1836 gingen die Güter im Erbgang auf das herzogliche Haus Schleswig-Holstein-Sonderburg-Glücksburg über. Roest wurde Fideikommissgut und zunächst von Inspektoren, später lange Zeit von Pächtern bewirtschaftet. 1972 lief die letzte Pacht aus, die Bewirtschaftung geschah fortan von Staun aus. Herrenhaus und Hofgebäude standen leer. 1976 wurden Hofplatz und Gebäude verkauft. Seitdem haben mehrfach wechselnde Eigentümer das einmalige Ensemble erhalten und aufgewertet. Heute befindet sich auf Roest ein exquisites Trakehner-Gestüt.

Das Herrenhaus ist als privater Besitz nicht zugänglich.

Anfahrt
Von Kappeln auf der B 201 Richtung Süderbrarup, nach 1,5 km rechts ab nach Roest

ÖPNV
Keine Verbindung

Übernachtung und Restaurant
In der Stadt Kappeln

Events
Reiten, Wanderungen, Radwanderungen

Kontakt
Verwaltung
Tel: 04642 | 924000
⇢ **www.gut-roest.de**

Rundhof – ursprünglich königliche Burg

Das Runætoft in König Waldemars Erdbuch von 1231 war damals eine königliche Burg mit Grund und Boden von vielleicht zwei Hufen. Toft ist eine Koppel am Hof, Runi ein Personenname. Diese kleine Turmburg könnte auf einer Insel im Park hinter dem Herrenhaus gelegen haben, vermutlich als Glied einer Kette von Heermannenburgen, die sich zwischen Glücksburg und Gelting an der Küste Angelns entlangzog und zum Schutz vor räuberischen Überfällen der Wenden von See her angelegt war. 1285 gehörte Rundhof schon einem dieser Heermannen aus jütischem Kleinadel namens Jacob Skram. Dessen Enkelsöhne wichen später dem Druck holsteinischer Adelsgeschlechter, ihre Schwester Cäcilie allerdings blieb und heiratete den holsteinischen Ritter Segebod Krummendieck († um 1390). Nur zwei Generationen dieser Familie saßen auf Rundhof, doch der Sohn Erich Krummendieck schuf in vier Jahrzehnten das große Gutsareal, das bis zur Parzellierung um 1800 Bestand hatte. Dazu gehörten zahlreiche Dörfer in der Umgebung und der Hof Trölegharde, das spätere Drült.

Hauptsitz der Rumohrs

1431 wurde Rundhof in den Streitigkeiten um das Herzogtum Schleswig zwischen König und Herzog dem Erdboden gleich gemacht, Erich Krummendieck starb in Lübeck 1438, Rundhof verblieb bis 1460 in herzoglichem Eigentum. Die Burg wurde offenbar wieder aufgebaut. Dem Erwerb durch Wulf von der Wisch in jenem Jahr folgten 125 Jahre, die von ständigen Erbauseinandersetzungen geprägt waren, aus denen 1585 Asmus Rumohr, dessen Vater Henneke schon 1557 Anspruch auf Rundhof erhoben hatte, als alleiniger Eigentümer des Gutes hervorging. Seitdem ist Rundhof in der Familie geblieben. Der damalige Besitz umfasste allein in Ostangeln etwa 10 000 Hektar Landes um die Stammgüter Roest, Rundhof und Düttebüll. Hinzu kamen umfangreiche Ländereien auf der Insel Alsen und in der Marsch. Asmus Rumohr wohnte auf Roest und erbaute dort den älteren Flügel des jetzigen Herrenhauses.

Nach seinem Tode 1590 ging aus der Erbteilung seiner vier Söhne der jüngste, Henneke, als Eigentümer von Rundhof hervor. Er begründete den landwirtschaftlichen Großbetrieb und erbaute die ältere Hofanlage, von deren Gebäuden allein noch der Pferdestall von 1604 aufrecht steht. Sein Herrenhaus war vermutlich nicht mehr als ein größeres Bauernhaus, ein reetgedeckter Breitbau von dreizehn Achsen mit Mittelrisalit. In ihm gab es eine „Grüne Kammer“. Kunstsinn spricht aus Hennekes Herrschaftsstuhl in der Esgrusser Kirche von 1607, reich geschnitzt in Formen der Spätrenaissance, vielleicht von Hans Gudewerdt d. Ä. aus Eckernförde.

Der frühe Reichtum der Rumohr auf den Angeliter Gütern vererbte und mehrte sich von Generation zu Generation, das 17. und 18. Jahrhundert war eine Zeit stetiger wirtschaftlicher Prosperität. Christian August II. von Rumohr († 1775) ließ das alte bescheidene Haus seines Vorfahren abbrechen und 1753/54 durch Georg Greggenhofer den heute stehenden Neubau errichten. Johann Gottfried Rosenberg, der auch erste Pläne für das Herrenhaus geliefert hatte, baute 1761 das nordseitige Kavaliershaus. Der gegenüberliegende Kutschpferdestall kam erst 1786 zur Ausführung.

Das Herrenhaus als „maison de plaisance"

Das *Herrenhaus* in Gestalt einer norddeutsch überdachten „maison de plaisance“ liegt in der Tiefe einer groß angelegten Ehrenhofanlage mit lang gestreckten seitlichen Kavaliershäusern. Das Frühwerk von Greggenhofer mit dem Datum 1754 am hofseitigen Mittelrisalit ist ein breit gelagerter Backsteinbau von zwei Geschossen auf gewölbtem Keller und von ungewöhnlicher Tiefe, was dazu führte, dass zwei parallele Dächer über dem Baublock aufgerichtet wurden, weil ein einheitliches Dach vielleicht als zu unförmig erschienen wäre.

Die Hoffront des Rundhofer Hauses dominiert ein mit drei Seiten eines Achtecks vorspringender Mittelrisalit, der mit einer zur Mitte aufgetreppten und vasenbekrönten Attika das ausladende Traufgesims überragt. Geweißte Kolossalpilaster gliedern den mittleren und deuten zwei seitliche Risalite an. Ein breiter Fries und weiße Blendfelder in den Brüstungsbereichen zwischen den korbbogigen Fenstern des hohen Haupt- und niedrigeren Obergeschosses betonen die Horizontale. Der Kellersockel ist bis zur halben Tiefe des Gebäudes mit Granitquadern verblendet. Die Dächer hatten seit 1868 eine englische Schieferdeckung, die 1990 durch rote Pfannen ersetzt wurde, wie ältere Ansichten es belegen. Die Gartenfront wirkt ruhiger, Pilaster besetzen lediglich die Außenkanten von Fassade und flachem Mittelrisalit, sind zudem nicht geweißt. 1990 wurden die Fenster zum Garten mit kleinsprossigen Flügeln erneuert, sodass diese Seite insgesamt wieder einen barocken Grundton gewonnen hat.

Neben einer Reihe noch mit ursprünglichem Rokokostuck ausgestatteten Räumen ist innenarchitektonischer Hauptakzent, als Vestibül und Festsaal gleichzeitig, der im Risalit gelegene *Kuppelsaal* (ähnlich angeordnete Säle in Benrath und Sanssouci), der um 1785 in frühklassizistischem Stil ausgestaltet wurde. Die Stuckaturen werden dem auf den schleswig-holsteinischen Gütern viel beschäftigten Francesco Antonio Tadei zugeschrieben. Dominierend ist die kräftige Wandgliederung durch acht gekuppelte ionische Halbsäulen zwischen großen Fenstern bzw. Scheinfenstern und Türen. Auf dem starken Gebälk ruht ein umlaufender Balkon mit zierlich geschnitzter Brüstung. Gegen die Wandgliederung kontrastierend setzt sich die Kuppel ab, im Anstieg zart gegliedert durch aufgelegte Rechteckrahmen, die das lockere Geschlinge einer Lorbeerranke verknüpft. Von dieser hängen in den Schmalfeldern realistische Gebinde aus Musikinstrumenten herab.

Hof, Herrenhaus und Park befinden sich in Privatbesitz und sind für die Öffentlichkeit nicht zugänglich.

Anfahrt
Von Kappeln nach Gelting auf der B 199 – Nordstraße, hinter Gelting links auf die K 131 bis Gut Rundhof

ÖPNV
Buslinie 1596 Gelting–Rundhof

Übernachtung und Restaurant
Gasthof Gelting, Hotel und Restaurant

Events
Konzerte, Ferienwohnungen, Wanderungen, Radtouren

Kontakt
Privatbesitz, für Besucher nicht zugänglich
www.gut-rundhof.de

Schierensee – Über die Rantzaus an die Salderns

Die erste Erwähnung des Hofes tom Schirenzee, der im Unterschied zum Dorf Groß Schierensee Lütken Schierensee genannt wurde, findet sich in einer Verkaufsurkunde aus dem Jahre 1469. Er gehörte damals mitsamt riesigen Besitzungen rund um den Westensee den Ahlefeldts. Über ein kurzes Zwischenspiel der Blomes kam Schierensee nach 1500 an die Rantzaus, unter ihnen der berühmte, in der Kirche von Westensee begrabene Feldherr Daniel Rantzau († 1569) und sein Bruder Peter, der Erbauer von Ahrensburg und Troyburg bei Tondern. 1751 erwarb Caspar von Saldern (1710–1786) das Gut, das er ab 1768 bis 1782 durch die Eutiner Hofbaumeister Georg Greggenhofer und Johann Adam Richter neu gestalten und großartig ausbauen ließ. Der Abkömmling einer bürgerlichen Beamtenfamilie stieg 1762 zum einflussreichen Staatsminister der Zarin Katharina II. von Russland auf und wurde 1768 in den dänischen Lehnsgrafenstand erhoben. Er hatte maßgeblichen Anteil am Vertrag von 1773, mit dem Katharina die Große auf ihre Ansprüche in Holstein verzichtete. 1774 zog er sich auf Schierensee zurück.

Ländliche Residenz des Staatsministers

Die damals noch im Bau befindliche *Hofanlage* ist reizvoll in eine weite Senke gebettet, umgeben von bewegter Landschaft und umfangreichen Waldungen. Das dreiflügelige Herrenhaus liegt mit großer, heute gepflasterter Cour d'honneur nach französischem Vorbild hinter einem von Pavillons eingefassten Gitter, jenseits einer doppelten Lindenreihe an der Westseite. Rechtwinklig zur Achse des Ehrenhofes befindet sich der u-förmig mit Scheune, Stallgebäude und eigenem Torhaus umbaute Wirtschaftshof. Charakteristisch für alle Gebäude ist der Kontrast weiß gekalkter Lisenen und Torumrahmungen gegen warmrote Ziegelmauern, bei den reetgedeckten Wirtschaftsgebäuden bewusst in einer gewissen Derbheit.

Ein erstes Herrenhaus kennen wir von der 1586 gemalten Rantzau-Tafel. Es war ein schlichtes, zweigeschossiges Giebelhaus aus Fachwerk, ringsum von Wasser umgeben, und gehörte damals Peter Rantzau. Die Annahme, er habe dieses Haus um 1580 errichtet, klingt wenig wahrscheinlich angesichts der wahrhaft bedeutenden Bauten, die er auf Ahrensburg und Troyburg hinterlassen hat. Es wird wohl ein älteres Gebäude sein, vielleicht auf die ersten Rantzaus in Schierensee zurückgehend.

Caspar von Salderns Neubau

Caspar von Salderns *Herrenhaus* ist als vollständiger Neubau 1776–1782 errichtet worden. Die Ausstattungsarbeiten zogen sich noch bis 1785 hin. Es ist neben seinen Kirchenbauten eines der Hauptwerke des Landbaumeisters Richter. Der elfachsige Ziegelbreitbau von zwei Stockwerken über hohem Kellergeschoss aus Granitquadern hat zwei kurze, zweiachsige, zur Hofseite vorstoßende Seitenflügel. Die Fassaden werden in weiten Abständen durch pilasterartige, gekalkte Lisenen gegliedert, die im Sockelgeschoss vorbereitet sind. Ein Charakteristikum Richterscher Bauten sind auch hier die weich gerundeten Gebäudekanten an den Flügeln. Im siebenachsigen Mittelteil ist ein dreiachsiger Risalit angedeutet mit Lisenen, breitem Sandsteingiebel – darin das von Hirschen gehaltene Wappen des Bauherrn – und rundbogigem Pilasterportal über doppelläufiger, geschwungener Freitreppe aus Sandstein von J. G. Moser. Das Portalgebälk trägt die Inschrift: „Non mihi sed posteris“. Darüber sitzt anstelle des Fensters eine große Sandsteinsupraporte mit der Initiale „S“ in einem umkränzten und bekrönten Medaillon. Die mäßig hohen Walmdächer waren ursprünglich mit Eisenplatten gedeckt, durch sparsam verteilte geschweifte Gauben belebt. Die strenge Formensprache des Hauses ist schon frühklassizistisch, die Proportionen sind gedrungen und rustikal, aber stattlich. An die ursprünglich überraschend schlichte Rückfront ohne Bezug zum Garten wurden 1969/70 ein Balkon und ausladende Terrassen gefügt.

Das Innere birgt eine originelle Raumaufteilung, die ohne Zweifel auf die persönlichen Bedürfnisse des Bauherrn zugeschnitten war. Die Haupträume im Erdgeschoss wurden 1970 bis auf den durch Zusammenlegung von drei Kabinetten neu geschaffenen Gartensaal in der 1784 vollendeten Einrichtung (Wandbekleidungen, Mobiliar, Öfen, Gemälde, Porzellan) wiederhergestellt.

Ein Ballsaal ohne Beispiel

In der Mittelachse ist die repräsentative *Eingangshalle* des Hauses angeordnet, zweigeschossig mit Wandfeldergliederung im frühklassizistischen Stil, der Boden in schwarz-weißem Marmor schachbrettartig ausgelegt. An ihrer Rückseite gehen beiderseits in der Querachse verlaufende Korridore ab, die oberen über die Halle hinweg durch eine Galerie verbunden. Statt des üblichen großen Treppenhauses sind zwei bequeme geradläufige Treppen zwischen die Räume der Gartenseite eingefügt. Der *Festsaal*, im Ostflügel durch beide Geschosse geführt, ist in seiner Größe und exzentrischen Lage hierzulande fast ohne Beispiel. Er trägt eine Wandgliederung mit ionischen Kolossalpilastern, breitem Gebälk und Rundbogen in den Feldern, weiß mit sparsamen Vergoldungen. Weich gerundete Saalecken und die balkonartige, geschwungene Musikempore mildern den Ausdruck kühler Repräsentation. Dem schwarzmarmornen Eckkamin linkerhand steht ein 1781 datierter Fayenceofen mit vasenbekröntem Säulenstumpfaufsatz gegenüber.

Rechts der Diele liegen die in originaler Ausstattung und Möblierung erhaltenen Wohnräume Caspar von Salderns.

Schierensee ist Privatbesitz. Führungen sind für Gruppen nach vorheriger Anmeldung im begrenzten Maße möglich.

Anfahrt
Von Kiel über Molfsee auf die L 255 Richtung Rendsburg, hinter dem Dorf Schierensee nach 1 km links ab zum Gut

ÖPNV
Buslinie 620 Kiel–Schierensee

Übernachtung und Restaurant
Hotels in Rendsburg, Gasthof Zur Linde im Dorf Schierensee

Events
Führungen im Herrenhaus und Garten nach Voranmeldung

Kontakt
Gutsverwaltung
24241 Schierensee
Tel: 04347 | 71210
→ **www.gutschierensee.de**

Wahlstorf – seit 1469 im Familienbesitz

Der wunderbar intakte Gutshof liegt überaus malerisch an der Einmündung der hier zweigeteilten Schwentine in den Lanker See direkt hinter dem Herrenhaus. Ein Rittergeschlecht Walstorp taucht bereits im 12. Jahrhundert im Norden auf und 1272 wird namentlich Johannes von Walstorp zusammen mit den wappengleichen Reventlow genannt. Weitere Übereinstimmungen, auch in den verwendeten Vornamen, weisen auf enge Familienzusammengehörigkeit hin. Die bekannteste Vertreterin dieses Familienzweiges war Anna Walstorp († 1582), die mit dem Feldherrn Johann Rantzau auf Breitenburg verheiratet war. Dass die Familie Walstorp auf dem gleichnamigen Hof gesessen und von ihm den Namen übernommen hat, ist anzunehmen. Im 15. Jahrhundert gehörte es allerdings Lüder Rumohr, der 1446 auf Lanke genannt wird, dem heutigen Freudenholm, ganz in der Nähe. Er verkaufte Wahlstorf 1469 an Detlef von Thienen. Seitdem ist Wahlstorf nicht mehr verkauft worden, nur einmal, 1788, im Erbgang an die Plessen übergegangen, die es noch heute besitzen. Die Thienen gaben die alte, unfern des jetzigen Hofes gelegene Wasserburg auf und errichteten das bestehende Gebäude, eines der ältesten erhaltenen Herrenhäuser im Lande. Wer auf Wahlstorf der Bauherr war, ob Detlef oder sein Sohn Claus, ist nicht eindeutig erwiesen. Jedenfalls wurde es zum Stammsitz der Familie neben dem nicht weit entfernt liegenden Gut Kühren, das bald darauf ebenfalls erworben wurde.

Ein neuer Hof wird errichtet

Ende des 16. Jahrhunderts wird unter Claus von Thienen († 1592), Urenkel von Detlef, der Wirtschaftshof neu errichtet oder überhaupt erst erbaut. Belegt sind 1581 ein Torhaus und 1584 die große Scheune rechterhand. Nach einem Verkauf innerhalb der Familie ist es wieder ein Urenkel des Käufers, Wulf Heinrich von Thienen († 1708), dem wir schon in Güldenstein begegneten, der auf Wahlstorf ein rege Bautätigkeit entfaltete, diesmal vor allem am Herrenhaus. Er ließ 1704 das Innere weitgehend umgestalten, die Räume wurden mit Stuckdecken im Geschmack der Zeit ausgestattet. Der Turm wurde ebenfalls umgebaut und erhielt ein pilastergerahmtes Portal. Die zu vermutenden Treppengiebel wurden abgebrochen, die Dächer erneuert und abgewalmt. Im Erbgang kam Wahlstorf 1788 an die Familie von Plessen, die seither im Besitz von Wahlstorf geblieben ist. Zum Gut gehörten bis in das 20. Jahrhundert die Dörfer Wahlstorf und Wielen sowie zahlreiche Einzelstellen.

Die Burg Lüder Rumohrs wurde vermutlich von den Thienen aufgegeben. Der 1555 erwähnte „Olde Hoff" soll auf der Koppel Oldenhöfen in der Nähe des heutigen Hofes gelegen haben. Ob die nicht weit entfernt im Lanker See gefundenen Pfahlreihen, wie Henning von Rumohr vermutet, zu einem Vorgängerbau gehören, bleibt Spekulation.

Der *Hof* des 16. Jahrhunderts mit Torhaus, Wirtschaftsgebäuden und Herrenhaus ist ein frühes Beispiel axialsymmetrisch ausgerichteter Gutsarchitektur auf rechteckiger, vom Hofgraben umzogener Insel. Den Graben bildet westlich die Schwentine, östlich ein aus ihr gespeister Wasserlauf, die im Norden gemeinsam in den Lanker See fließen.

Das altertümliche Doppelhaus

Das *Herrenhaus* ist in der altertümlichen Form eines Doppelhauses überliefert, d. h. es besteht aus zwei traufenseitig zusammengebauten Hausteilen mit jeweils eigenen Dächern, einem tiefen Vorderhaus, in dem Säle liegen, und einem schmaleren Hinterhaus mit Wohnräumen. Es erhebt sich als zweigeschossiger Ziegelbau über hohem, mit Granitquadern verblendetem Keller. Ob das Doppelhaus im 16. Jahrhundert in zwei Bauphasen entstand, ist bisher nur Vermutung.

Das zum Hof gelegene Vorderhaus ist fünf Achsen breit. Vor der Mitte steht der im Grundriss quadratische einstige Treppenturm mit Zeltdach und pilastergerahmtem frühbarockem Hauptportal. Rechts und links des Turms befinden sich zwei zweigeschossige erkerartige Anbauten mit kleinen Giebeln von jeweils zwei Fensterachsen Breite. Der linke ist 1613 entstanden, der rechte wurde aus Symmetriegründen 1924 hinzugefügt. Dabei verteilte man die Mauerankerzahlen des ersten auf beide Anbauten, der ältere wurde im unteren Bereich weitgehend erneuert. Der schmale rückwärtige Hausteil ist mit engerer Befensterung siebenachsig. Geländebedingt tritt der Keller hier fast geschosshoch hervor. In der mittleren Achse sitzt ein Gartenportal über ausschwingender Freitreppe. Es wurde später hinzugefügt, an seiner Stelle befand sich vorher ein großer Kamin. An entsprechender Stelle im Geschoss darüber ist er noch vorhanden. Ursprünglich sind hingegen die beiden Abtrittpfeiler, die die Rückfront gliedern. Bei den Umbauten im Jahre 1613 wurden die beiden originalen, asymmetrischen Dachstühle durch zwei gleich große ersetzt. Die damals vorhandenen, vermutlich gestuften Giebel an den Schmalseiten beider Häuser wurden beim Umbau 1704 beseitigt, die Dächer nun abgewalmt.

Im Inneren ist die alte Aufteilung des Doppelhauses noch deutlich ablesbar. Das Vorderhaus enthielt ehemals zwei übereinanderliegende Säle mit Kaminen an den Schmalseiten. Das Obergeschoss wurde über eine Wendeltreppe im Turm erschlossen. Bei den Umbauten 1704 wurde die Treppe zur größeren Bequemlichkeit in das Hausinnere verlegt. Eine Stuckdecke verbarg in der Diele die originale Balkendecke mit spätgotischer Bemalung. Im Rittersaal darüber, vom dem heute einige Räume abgeteilt sind, ist die ältere Balkendecke teilweise sichtbar. Der rückwärtige Teil des Hauses zeigt die ursprüngliche Raumaufteilung des Doppelhauses mit jeweils drei gleich großen Wohn- und Schlafräumen.

Hof und Herrenhaus befinden sich in Privatbesitz und sind für die Öffentlichkeit nicht zugänglich.

Anfahrt
Von Preetz auf der B 76 bis zur Abfahrt Wielen, um den Wielener See bis zum Gut

ÖPNV
Buslinie 328 Preetz–Wahlstorf
····> **www.vkp.de**

Übernachtung und Restaurant
In der Stadt Preetz, Landgasthof Alte Schule auf dem Gutshof

Events
Wanderungen, Radtouren, Vernissagen

Kontakt
Stiftung Gut Wahlstorf
Tel: 04342 | 81124

Wotersen – barocke Residenz der Bernstorffs

Das Gut ist mit dem Hofland ringsum von Wald umgeben, fast ein Bild mittelalterlicher Rodungssituation, gleichzeitig von barockem Residenzcharakter mit axial ausgerichteten Gebäuden und vom Ehrenhof ausstrahlenden Alleen. Die Hofanlage orientiert sich an einer langen, von Nordwest nach Südost verlaufenden Achse, die zunächst durch Wald, dann mit einem Zufahrtsdamm, der einst durch Sumpfgelände führte, vorbereitet wird. Als Richtpunkt an ihrem Ende erscheint schon von weitem das Herrenhaus, da hier kein den Hof abriegelndes Torhaus erbaut wurde. Stattdessen liegt überraschenderweise an der Hofeinfahrt ein bassinartig gestaltetes Wasserbecken, das als Tränke und Pferdeschwämme diente.

1230 wird das Dorf Wotartze (altpolabisch = „umzäunt von Stöcken und Reisig") erstmals im Ratzeburger Zehntregister erwähnt. Zunächst im Besitz der Familie Schack auf Basthorst, gehörte Wotersen als adliges Lehngut vom Jahre 1408 bis Ende des 17. Jahrhunderts der Familie von Daldorf. 1717 erwarb es der kurhannoversche, ehemals lüneburgische Minister Andreas Gottlieb von Bernstorff (1649–1726), der später auch Kanzler des Fürstentums Lüneburg wurde und an seiner Vereinigung mit dem Fürstentum Hannover sowie an dessen Erhebung zum Kurfürstentum mitwirkte. Als einflussreicher Minister mischte er, nachdem der Kurfürst 1714 als König Georg I. auf den englischen Königsthron gewählt worden war, von London aus in der nordeuropäischen Politik mit. Nach seinem Rückzug aus der Politik widmete er sich seinen Landgütern.

Neben Wotersen besaß er Gartow im Hannoverschen und Stintenburg im Lauenburgischen. Der alte Gutshof Wotersen war im Dreißigjährigen Krieg zerstört worden. Etwa an gleicher Stelle wurde seinerzeit eine neue Anlage geplant. 1721 begann der Celler Hofbaumeister Johann Caspar Borchmann mit dem Bau des Herrenhauses, das in der Grundstruktur und im Erscheinungsbild dem gleichzeitig von ihm für Bernstorff errichteten Gartow sehr ähnlich war. Der Bauherr erlebte die Fertigstellung nicht mehr, und noch der Erbe, sein Neffe und Schwiegersohn Joachim Engelke von Bernstorff († 1737), starb darüber hin. Das Datum 1736 am Portal kann sich nur auf den Rohbau beziehen. Das Erbe auf Wotersen trat der zweite Sohn Joachim Engelkes an, Johann Hartwig Ernst von Bernstorff (1712–1772), der spätere dänische Außenminister. Er wurde 1767 in den Lehnsgrafenstand erhoben. Schon 1739 hatte er den hannoverschen Landbaumeister Johann Paul Heumann mit der Aufstockung des Gebäudes beauftragt. Die Ausführung begann allerdings erst zwanzig Jahr später und 1765 waren die Bauarbeiten noch nicht abgeschlossen. Es fehlten die Aufstockung des „Fremdenflügels" und Teile der Ausstattung, die auch beim Tod des Johann Hartwig Ernst nicht vollendet war. Erst Mitte des 19. Jahrhunderts kam es zu einem Abschluss des Innenausbaus. Wotersen blieb bis 1996 in Bernstorffschem Besitz. Zum Gut gehörten im 19. Jahrhundert der Meierhof Neu-Güster und zahlreiche Dörfer.

Küchenflügel und Fremdenflügel

Das dreiflügelige *Herrenhaus*, ein verputzter Backsteinbau, besteht aus dem elfachsigen Hauptgebäude, das aufgrund des ansteigenden Geländes zum Ehrenhof drei-, zum Garten zweigeschossig erscheint, und zwei anderthalbgeschossigen Seitenflügeln, die durch flachgedeckte Winkelbauten mit dem Hauptgebäude verbunden sind. Sie dienten ursprünglich als „Küchenflügel" (der nordöstliche) und „Fremdenflügel" (der südwestliche). Hauptgebäude und Seitenflügel haben hohe Walmdächer. Diese Baugestalt ist Ergebnis eines Umbaus ab 1758. Der Ursprungsbau war 1721–1736 von Borchmann zunächst um ein Geschoss niedriger und mit hohen Mansarddächern errichtet worden. Sein Eingangsportal mit Bauinschrift und Datum 1736 sowie der zweigeschossige, übergiebelte Risalit an der Gartenseite wurden in die spätere Aufstockung einbezogen. Portal mit Segmentbogengiebel und Konsolenpilastern sowie das Bandelwerkdekor im Giebel der Gartenseite wurden von dem Lübecker Bildhauer H. J. Hassenberg in Sandstein gestaltet. Die Gliederung des Hauptbaus durch ein Sandsteingesims über dem niedrigen Sockelgeschoss, breite Kantenrustika und paarweise zusammengerückte Fenster beiderseits von Blendfeldern, auch die Lisenengliederung der Flügel wurden bei der Aufstockung übernommen. Hinzu kam im hofseitigen Giebel das Bernstorffsche Lehnsgrafen-Wappen.

Durch das Portal betritt man eine relativ niedrige Halle, die sich beiderseits in weit gespannten Bögen auf zwei einander entsprechend geplante Treppen öffnen sollte. Das heutige *Treppenhaus* rechts wurde nach 1756 in vergrößerter, repräsentativer Form bis ins zweite Obergeschoss ausgeführt, das linke nur als Dienertreppe, die heute nicht mehr vorhanden ist. Hinter diesen zum Hof ebenerdigen Räumen liegen drei tonnengewölbte *Kellerräume*, die mit ihren mächtigen Umfassungsmauern vielleicht auf einen Vorgängerbau zurückgehen. Im Hauptgeschoss des Mittelrisalits befindet sich an der Hofseite ein Vorsaal, von dem man in den eigentlichen *Gartensaal* gelangt. Dieser war ursprünglich zweigeschossig mit umlaufender Galerie vorgesehen. Das Sprengwerk für die Decke befindet sich noch darüber im Dachraum. Nach 1758 sollte ein hohes Spiegelgewölbe eingebaut werden, von dem aber nur die Unterkonstruktion der großen Randkehlen begonnen wurde. Wohl um 1800 zog man die heutige Flachdecke mit schlichtem Stuckprofil darunter. Die übrigen wohlproportionierten Räume sind äußerst schlicht gehalten.

Herrenhaus und Park befinden sich in Privatbesitz und sind für die Öffentlichkeit nicht zugänglich. In der Reithalle finden regelmäßig Konzerte statt.

Anfahrt
Von Hamburg auf der A 24 Richtung Berlin, Abfahrt Elmenhorst B 207, in Elmenhorst links ab über Kankelau zum Gut Wotersen

ÖPNV
Buslinie 8831 Büchen–Wotersen
··· **www.hvv.de**

Übernachtung und Restaurant
Hotels in Hamburg, Landhaus Wotersen auf dem Gutshof

Events
Konzerte, Hochzeiten, Messen, Märkte, Feiern

Kontakt
Gutsverwaltung
21514 Roseburg
Tel: 04158 | 8833-0
··· **www.wotersen.de**

Wulfshagen – 1806 zum adligen Gut erhoben

Das Gut ist erst spät gegründet worden, sein Name bedeutet „Gehege des Wulf". 1673 verlegte die verwitwete Magdalena von Thienen auf Hütten ihren Gettorfer Meierhof an diesen Ort, wo das ehemalige Dorf Havikhorst gelegen hatte. 1681 musste sie Hütten mit dem Meierhof verkaufen, doch der Käufer, Graf Königsmarck, gab die Güter bereits 1694 weiter an Andreas Pauli Reichsfreiherrn von Liliencron. Dieser erbaute 1699, ein Jahr vor seinem Tode, das Herrenhaus auf Wulfshagen. Vermutlich unter seinem Sohn Christian Friedrich († 1731) entstand das Blaue Kabinett. Nach dem Tode des Enkels Ernst Siegfried 1786, der kinderlos geblieben war, mussten die Güter verkauft werden. Käufer war Bernhard von Qualen auf dem nahe gelegenen Noer, der schließlich Hütten (jetzt Wulfshagenerhütten) 1790 weiterverkaufte. Wulfshagen, 1806 zum adligen Gut erhoben, blieb in der Familie, bis es 1903 im Erbgang in Reventlowschen Besitz kam. Der Erbe, Ludwig zu Reventlow, Rechtsanwalt und Reichstagsabgeordneten, 1906 früh verstorben, widmete der sonst so nüchterne Henning Oldekop in seiner im selben Jahr erschienenen Topografie (im Artikel Wulfshagen) erstaunlicherweise ein fünfstrophiges Heldengedicht, das er der „Kieler Neueste(n) Nachrichten" entnommen hatte.

Der *Gutshof* mit einem selten geschlossenen Gebäudebestand von mächtigen Wirtschaftsgebäuden liegt immer noch sehr schön „in leicht gewellter, waldiger Gegend", wie es Oldekop beschrieb. Die rechteckige Hofinsel ist noch an drei Seiten von zum großen Teil wasserführenden Gräben umzogen, hinter dem Herrenhaus in exaktem Geviert ausgreifend. Eine frühere Abtrennung des Hauses durch einen Quergraben erscheint bei der Nähe der Gebäude am Ehrenhof nicht recht vorstellbar.

Das Herrenhaus von 1699 ist von eindrucksvoller Schlichtheit als zweigeschossiger Backsteinbreitbau von neun Achsen mit hohem, erneuertem Walmdach, ein seinerzeit neuer, zukunftsreicher Herrenhaustyp im Lande. Über dem einfach sandsteingerahmten Portal mit Datum 1699 im Sturzgesims sitzt das Wappen der Familie von Qualen. Die geschlemmten Fassaden zeigen als einzigen Dekor die zeittypische Rahmung mit einer Rustika-Leiste. Seitlich angefügt sind zur Linken ein Abtrittpfeiler, zur Rechten ein ähnlicher Pfeiler, der eine Wendeltreppe enthält, die ehemals für die unauffällige Benutzung durch Bedienstete vorgesehen war.

Gemäldetapeten im Blauen Kabinett

Im Inneren sind aus der Erbauungszeit links neben der geräumigen Diele mit Beilegerofen von 1697 die kleine dreiläufige Treppe ins Obergeschoss mit geschnitztem schwerem Balustergeländer und die breiten, recht niedrigen, einflügeligen Türen erhalten. Um 1730 wurde im Obergeschoss zur Gartenseite das Blaue Kabinett (auch Liliencron-Zimmer) mit Gemäldetapeten (Öl auf Leinwand) eingerichtet: Es zeigt in blauen Fayencetönen, durchsetzt mit kräftigem Rot, Ocker und Weiß galante Szenen und „paysages intimes" in bewegtem Régencerahmenwerk zwischen gedrehten und mit Blumen umwundenen Säulen. Türbekleidungen, Türblätter und Brüstungspaneele sind mit lebhaften Marmorierungen gefasst. Der Beilegerofen mit christologischen Reliefs stammt von 1700/09, der Fayenceaufsatz samt Füßen und Fliesenboden ist nachträglich hinzugefügt (ursprünglich hatte der Ofen gedrechselte Holzfüße und keinen Aufsatz) worden.

Im Erdgeschoss ließ der neue Eigentümer Bernhard von Qualen 1790 zwei Räume in frühklassizistischem Stil ausstatten: den Festsaal oder Gartensaal hinter der Diele stuckierte Francesco Antonio Tadei mit eleganter Wandfeldergliederung in plastischem Relief: Hochfüllungen tragen Gehänge aus Geräten verschiedener Bereiche des Landlebens und Musikinstrumente unterschiedlicher Musikgattungen. Die Supraporten über den Türen und symmetrischen Scheintüren zeigen Körbe mit Jahreszeitsymbolen. Über der Haupttür in der Mitte der Westseite finden sich Datum und Signatur: Ao 1790/TADEY JUNIOR FECIT. Der Deckenstuck ist zurückhaltend mit zwei von Lorbeerranken gerahmten Akanthusrosetten gestaltet. Rechts schließt der Salon an. Er hat eine Wandvertäfelung mit gliedernden Pilastern, an der einfachen Stuckdecke Reliefmedaillons mit Allegorien der Musik und der Liebe. In einer stuckierten Ecknische – darüber ein bekränztes Porträtmedaillon – steht ein klassizistischer Ofen mit keramischem Säulenstumpfaufsatz. Zwischen der Gartentür und den Fenstern hängen zugehörige Spiegel und geschnitzte Holzleuchter in ursprünglicher grau-goldener Fassung.

Kavaliershäuser und ein Verwalterhaus

Am Ehrenhof mit gepflegten Rasenflächen stehen zu beiden Seiten hinter Lindenreihen eingeschossige Kavaliershäuser, links das um 1800 errichtete Verwalterhaus, ein behäbiger Backsteinbau unter Krüppelwalmdach, früher mit übergiebeltem Frontispiz.

Der breit angelegte Wirtschaftshof bietet mit vier parallel gelagerten Scheunen ein beeindruckendes Bild. Nördlich am Hofplatz steht eine große, reetgedeckte Fachwerkscheune, wohl aus dem 18. Jahrhundert. Eine zweite, etwas kleinere nördlich dahinter wurde nach 1945 abgebrochen. Das südlich gelegene Kuhhaus, ein mächtiger Gelbsteinbau mit reetgedecktem Krüppelwalmdach, stammt von 1830. Südlich schließen sich zwei jüngere Scheunen an. Die Hofeinfahrt über einen Damm im breiten Hofgraben wird gerahmt von zwei niedrigeren Wirtschaftsgebäuden aus Fachwerk, heute weiß geschlemmt mit roten Ziegeldächern. Sie stammen laut Inschrift mit Signatur B. v. Q. (Bernhard von Qualen) von 1788.

Das Herrenhaus ist in Privatbesitz, Führungen über den Hof sind nach Voranmeldung möglich.

Anfahrt
Von Kiel auf der B 76 Richtung Eckernförde, vor Gettorf rechts abbiegen zum Gut Wulfshagen

ÖPNV
Mehrere Buslinien von Kiel und Eckernförde

Übernachtung und Restaurant
Hotels in Kiel, Eckernförde und Gettorf, Café Alte Schule auf dem Gutshof

Events
Feste, Märkte, Hochzeiten, Maislabyrinth, Wanderungen, Radtouren

Kontakt
Wulfshagen 17
24214 Tüttendorf
Tel: 0431 | 90881234
⇢ **www.budenzauber-catering.de**

K.-H. Groth, H. Hannig, M. Ehlers, H. Gauert
Laat di Tiet, is ok en Walzer
Plattdeutsche Geschichten
Hardcover, 80 S.
ISBN 978-3-8313-2884-0

Annerose Sieck
Schleswig-Holstein –
Die Gerichte meiner Kindheit
Hardcover, 128 S.
ISBN 978-3-8313-2179-1

Ole Nissen, Ralf Helling
Lübeck – Farbbildband
Hardcover, 72 S.
ISBN 978-3-8313-2374-6

Henning Jost
Das alte Kiel in Farbe
Hardcover, 96 S.
ISBN 978-3-8313-3218-2

Brigitte Cleve, Thomas Raake
Flensburg – gestern und heute
Hardcover, 72 S.
ISBN 978-3-8313-2250-3

Bettina Dethloff
Um drei an der Musikmuschel!
Geschichten und Anekdoten aus Sylt
Hardcover, 80 S.
ISBN 978-3-8313-2428-6